みんなが欲しかった！

公務員

第2版　TAC出版編集部 編著

合格への
はじめの一歩

数的処理　　数的推理・判断推理
　　　　　　空間把握・資料解釈

TAC出版
TAC PUBLISHING Group

はしがき

　本書は、**大卒程度の公務員試験**を目指す方を対象とした**学習入門書**です。

　公務員となるためには、まず志望する職種の採用試験に合格しなければなりません。公務員試験は、職種ごとに試験が設けられており、試験の仕組みも複雑です。また、試験の内容も多岐にわたり、学習範囲が広い試験でもあります。

　まずは、そのような「**公務員のさまざまな職種**」および「**公務員試験**」を知ってもらうこと、さらに出題科目の中でウエイトの大きい「**数的処理**」の"基本"を理解していただくことを目的に本書は作られました。

　オリエンテーション編では、数的処理という科目の全体像や、学習にあたっての基本姿勢について説明しています。また複雑な公務員の職種や試験制度を知るためのガイダンスについて、ダウンロードコンテンツを利用できます。詳しくはご案内ページをご覧ください。

　入門講義編では、数的処理を構成する**数的推理・判断推理・空間把握・資料解釈**の重要事項をていねいに説明しています。イラストや板書を豊富に収録しているのでスムーズに読み進めることができるでしょう。

　数的処理は分量も多く、初学者にはとっつきにくいと思われがちなので、効率よく学習するためには、やさしい内容から段階的に理解していき、全体像をきちんと把握してから学習を始めることが大切になります。そのために**入門講義編**では、**数的処理の"核"となることがら**を厳選して説明しています。ただし、初学者の方は、入門講義編からいきなり読まずに、必ず**オリエンテーション編**を読んだ上で**入門講義編**に進んでください。

　それでは、本書をスタートラインに、受験学習の一歩を踏み出しましょう。

　みなさまが、本試験に合格されることを祈念します。

2024年3月
TAC出版編集部

本書の効果的な学習法

1　オリエンテーション編で学習の準備を整えましょう！

　オリエンテーション編は、「数的処理」という科目の概要と、基本的な学習方針についてまとめています。出題数が多く重要な科目であるからこそ、まず科目の性質をきちんと理解したうえで学習を始めるようにしましょう。

2　入門講義編で数的処理の学習内容の概要を学びましょう！

　入門講義編では、数的処理の土台となる知識をわかりやすくまとめています。学習が初めての方でも無理なく読めるよう、やさしく身近な言葉を使った本文で、図解も満載。楽しく読み進めていくことができます。知識確認として、「過去問チェック！」を解き、実際の試験問題も体感してみましょう。

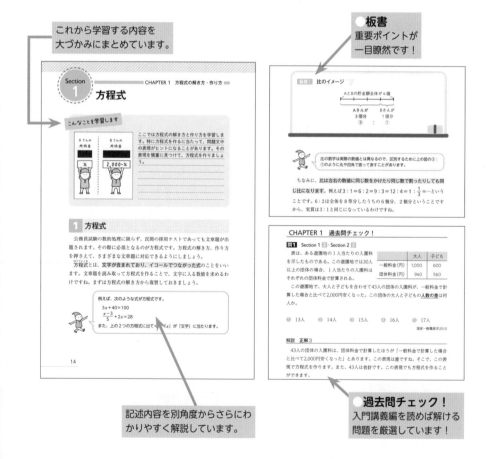

これから学習する内容を
大づかみにまとめています。

● 板書
重要ポイントが
一目瞭然です！

記述内容を別角度からさらにわ
かりやすく解説しています。

● 過去問チェック！
入門講義編を読めば解ける
問題を厳選しています！

CONTENTS

入門講義編 第3編 空間把握

入門講義編 第4編 資料解釈

読者特典　ダウンロードサービスのご案内

　さまざまな公務員の仕事や試験区分、試験制度についてまとめたCHAPTERについて、PDFファイルをダウンロードするサービスをご利用いただけます。

　以下の手順でTAC出版書籍販売サイト「CYBER BOOK STORE」からダウンロードできますので、ぜひご利用ください。

❶　CYBER BOOK STORE （https://bookstore.tac-school.co.jp/）に
　　アクセス

こちらのQRコードからアクセスできます

❷　「書籍連動ダウンロードサービス」の「公務員 地方上級・国家一般職
　　（大卒程度）」から、該当ページをご利用ください。
　　⇒　この際、次のパスワードをご入力ください。

202511085

オリエンテーション編

数的処理とは

公務員試験を目指すにあたって、初めて「数的処理」という科目に触れる方が大半だと思います。まずは簡単に「数的処理とは何か」を紹介しておきましょう。

1 公務員試験における数的処理

　数的処理は、教養択一試験（基礎能力試験）で出題される科目の1つで、ざっくりいうと「数学的な知識を使って、論理的にものごとを考えて問題を処理する科目」です。以下の4つの分野の総称になっています。

数的処理

数的推理　判断推理　空間把握　資料解釈

　どんな試験種であっても数的処理は出題数が多いため、優先して学習すべき科目といえます。教養択一試験の解答問題数はどの試験もだいたい40～50問で、そのうちの14～19問程度を数的処理が占めています。全体の3～5割程度の出題数ですから、問題数が多いことがわかるでしょう。

数的処理の中でも、「数的推理」と「判断推理」の出題数はかなり多くなります。この2つの分野を早いうちから対策していくことが重要です。

2 数的処理の4つの分野

では、4つの分野について紹介しましょう。それぞれ特徴が異なりますから、特徴に合わせて学習を進めていくとよいでしょう。

1 数的推理

最も中学数学に近い分野ですが、場合の数や確率といった高校で本格的に学習する内容も含まれます。多くの文系受験生が苦しめられる分野ですが、少なくとも他の受験生に差をつけられないようにしましょう。

2 判断推理

論理パズル問題などが出題される分野です。「問題の条件を整理して、正しくいえる事実を見つける」という問題です。複雑な計算をしないという点から、文系受験生にとっては得点源となる分野です。

3 空間把握

図形の問題のうち、展開図や図形の回転など、計量以外の問題が多く出題される分野です。多くの受験生が苦手にしがちですが、想像ではなく機械的に解く方法を身に付けていきましょう。

4 資料解釈

資料から数値を読み取って、選択肢の記述の中から正しいものを見つける分野です。特に割合の計算が多く登場しますが、問題演習を繰り返すことで計算のパターンや計算方法に慣れるようにしましょう。

Section 2 数的処理の学習法

こんなことを学習します

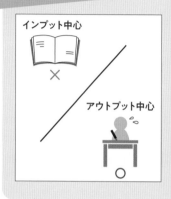

インプット中心

アウトプット中心

数的処理は公務員試験で最も厄介な科目の1つです。数学が苦手な文系の受験生が多いこともあり、最後まで数的処理が足を引っ張るケースをよく見かけます。ですので、まずは学習の際の注意点を紹介します。以下をふまえて、今後の学習を進めていきましょう。

---

1 数的処理の学習の進め方（総論）

1 中学までの数学の知識を確認する

　数的処理を苦手にする方で多いのが、そもそも数学の知識が完全に抜けているケースです。例えば、「方程式の解き方を完全に忘れている」とか、「平方根の計算の仕方が思い出せない」という場合です。

$$4x+6=30 ?$$
$$5\sqrt{2}\times2\sqrt{3}=?$$

　数的処理はそもそも「**数的**」というくらいですから、数学の知識が必要です。一部高校数学も含まれますが、合格レベルを超えればよいのですから、

小学校の算数・中学校の数学の知識を中心に復習しましょう。本書でも、必要に応じて簡単に紹介していますので、その都度知識を確認してください。

2 問題演習に重点を置く

そもそも数的処理は問題が解けなければ意味がありません。ですから、**何より問題演習が重要**です。自分の頭で考えて手を動かして、どのような解き方の流れで正解までたどり着けばよいのかを練習してください。

インプット中心 アウトプット中心

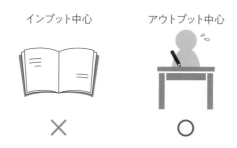

どうしても問題演習は時間がかかるものですが、**そもそも数的処理は攻略に時間がかかるのが当然の科目**です。そこを覚悟して、ていねいに根気強く取り組んでいきましょう。

3 解答までの思考回路をふまえて、解法をパターン化させる

❶ 普段の解き方を再現する

問題演習が大事なのは前述のとおりですが、**問題演習をずっと進めているのに点数が伸びない**、という声をよく聞きます。特に試験直前期になると、ここで悩む受験生が一気に増える印象があります。

問題演習は確かに大事ですが、普段の学習で「場当たり的に」解けるだけでは意味がありません。普段の学習は、あくまで本試験で得点できるようにすることが目的ですから、**普段の解き方が本試験でも再現できなければいけない**のです。普段の学習で「なんとなく解けた」からといって、すぐ次の問題に進んでしまう受験生が多いので、くれぐれも注意しましょう。

❷ 解法のパターン化

　数的処理で安定した得点力を身につけるためには、「解法のパターン化」が重要です。つまり、どんな問題であっても、頭の中で同じ思考回路を使って同じパターンで解けるようにするのです。そうすれば、本試験でも同じ考え方で同じように解けるわけです。

　では、問題を解くための思考回路を紹介しましょう。問題を解く際に意識してほしいのは、以下の３点です。

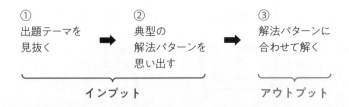

　まずは、①問題を読んだときに、その問題がどの出題テーマに該当するのかを見抜けるようにしてください。これができないと、その後の解法パターンも何を使えばよいのかわかりません。

　数的処理は「初見の問題ばかり」と思われがちですが、実際にはそんなことはありません。繰り返し出題されている頻出テーマがあります。試験種によっては毎年のように同じテーマが出題されていることもあるのです。ですから、まずは「どんな出題テーマがあるのか」を学習しましょう。

　次に、②出題テーマにあわせて、典型の解法パターンを思い出せるようにします。学習の初期段階では、これがなかなか大変かもしれません。よく登場する解法パターンがありますから、これを覚えて出題テーマごとに思い出せるようにしましょう。数的処理も最初はやはり「暗記」なのです。まずはしっかり①②のインプットをしてください。

　そして、③解法パターンが使えるかどうか、問題演習しながら確認していきます。要は「解法パターンに『あてはめる』練習」をするわけです。ここが数的処理の学習で最も時間のかかる部分ですが、これを繰り返すことで、基本問題はもちろん、ひねりの加わった応用問題にも対応できるようになります。

なお、本書では、①出題頻度の高いテーマをピックアップして、②解き方という形で解法パターンを紹介しています。そして、各CHAPTERの最後の「過去問チェック！」で③解法パターンを確認できるような問題を配置しています。本書を前から順番に読み進んでいけば、①→②→③の流れで学習ができます。③の問題演習は是非時間をかけて取り組んでみましょう。

2　分野ごとのポイント（各論）

　では、各分野の特徴をふまえた学習方法と、それぞれの解法のポイントを紹介していきましょう。本試験で得点を伸ばすための「適切な取り扱い方」を説明します。

1　数的推理

❶　中学までの知識を確認して、使えるようにする

　出題テーマがほぼ数学そのものということもあり、苦手意識を持つ受験生が多いです。**多くの受験生が得点できるような基本問題を確実に取っていく**ことを目標にしましょう。「他の受験生に差をつけられないこと」が大事です。逆に、理系の受験生であれば得点源にしやすい科目だと思います。

　前述のとおり、**中学数学までの知識を確認**してください。知識がダイレクトに聞かれることがあるのが数的推理ですから、ここが抜けていると点数は伸び悩んでしまいます。ただし、あくまで数的処理で得点力をつけるのが目的ですから、1から復習するのではなく、抜けている知識があれば随時補うという意識でよいでしょう。

❷　そもそも対策に時間がかかるが、点数は安定させやすい

　特に苦手にしがちなのは**文章題**や**図形**の問題でしょう。文章題からどのように式を立てればよいのか、コツやポイントを掴む必要があります。図形も、知識があるのは前提として、「その知識をどう使うか」が重要です。知識を使うタイミングの典型を押さえましょう。

これらを身につけるには、やはり時間がかかります。数学が最初から得意なら別ですが、苦手な方であれば、日々の積み重ねが重要です。ただし、あくまで「数的処理が解ければよい」という程度のレベルですから、大きなハードルではありません。解法パターンも基本的に決まっているので、点数を安定させやすい分野です。

2 判断推理

❶　取り組みやすいが、点数的には不安定になりがち

　数学の知識をほとんど使わないので、多くの受験生にとって取り組みやすい分野です。「判断推理から数的処理の学習を始める」という戦略もありでしょう。

　判断推理はいわば「条件整理問題」ですから、条件の読み取りが命です。そして、条件を全て満たす事実さえ見つけられれば、どんな解き方でも正解にたどり着けてしまうので、解法が決まっていません。解き方に決まりがないということは、難問になるとその場で解き方を考えなければならず、点数が安定しない可能性もあります。

❷　定番の条件のまとめ方を押さえて使えるようにする

　解き方が決まっていませんが、よく登場する「定番」はあります。そこで「定番の条件のまとめ方」を押さえるようにしましょう。テーマごとに図や表など、さまざまな条件のまとめ方が登場するので、それを覚えて使い方をマスターしていきます。

❸　判断推理特有の「場合分け」に注意する

　「条件をまとめて全て整理したのに、あり得るパターンが複数出てきてしまって、正解の選択肢が1個に絞れない…」という状況がよく起こるのも、判断推理の特徴です。

　問題文に列挙される条件は、事実を特定するのに足りていないこともあります。その場合は、事実を場合分けする必要があります。

　例えば、「Aが買ったりんごの個数は1個か2個のどちらかなんだけど、

問題の条件から絞れなくて先に進まない…」となったら、買った個数を〈1個の場合〉、〈2個の場合〉と、場合分けして検討を進めるのです。それでも条件を全て満たすなら、それはどちらもあり得るパターンですから、どちらも満たす選択肢を選んでください。判断推理は「確実にいえるのはどれか」という聞き方をしますから、あり得るパターンが複数出てきたときは、どちらのパターンでもいえるものを正解として選ぶわけです。

3 空間把握

❶ 最も不安定で、なかなか点数が伸びにくい分野

数的処理の中でも特に取扱注意の分野が空間把握です。立体図形や図形の回転移動などを、紙の上で検討しなければなりません。

くれぐれも避けたいのは、「あらゆる問題を頭の中でイメージして解こうとすること」です。これは安定性に欠けますし、ケアレスミスが非常に多くなります。「想像して解く」というのは、全くわからない問題が出たときの最後の手段です。

そもそも空間把握は点数が伸びにくく、学習に多くの時間を割いても点数に結びつかない可能性もあります。全体的に点数を取ることを考えて、あまり固執しすぎない姿勢も重要です。

❷ 解くために必要な知識を押さえて、消去法で検討する

頭の中でイメージしないで解くためには、何より「知識で押し切る」ことです。知識を前提にして、客観的に明らかにおかしな選択肢を除外していくのが、空間把握の適切な解き方です。「誤りの選択肢を排除して、最終的に残った選択肢が正解になる」という流れで検討していきましょう。

よく「この展開図を組み立てたらどうなりますか?」のような質問があるのですが、そもそも組み立てません。この意識で問題に取り組んでいては、いつまで経っても点数が不安定なままですから、くれぐれも気をつけましょう。

4 資料解釈

❶ 数値の計算、資料や選択肢の読み取りに慣れる

資料「解釈」と呼ばれますが、基本的には資料中の数値を計算して正しい選択肢を探します。ですから、計算が苦手な人は日頃から計算練習を積んだほうがよいでしょう。

また、読み取りにくい資料や言い回しのわかりにくい選択肢が多く登場します。どのような資料が出てくるのか、どのような選択肢の記述が出てくるのかについては、慣れるようにしてください。

❷ 計算の手間を省くテクニックを身につける

資料解釈の問題は、細かい計算を丁寧に行えば、必ず正解にたどり着くことが可能です。しかし、すべての問題・選択肢で細かい計算をしていたのでは試験時間をオーバーしてしまいます。

そこで、いかに細かい計算を省くかが重要です。後述しますが、原則として概算（大まかな数値による計算）で検討することがポイントです。また、選択肢の記述は大半が割合の計算を聞くものばかりです。したがって、割合の計算を確実なものにすること、手早く行うことが必要です。

第 1 編
数的推理

CHAPTER 1

方程式の解き方・作り方

多くの文章題の核となるのが「方程式」です。解き方はもちろん、方程式の作り方もしっかりとマスターしましょう。

方程式

こんなことを学習します

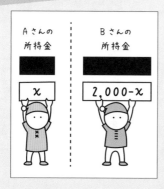

A さんの 所持金	B さんの 所持金
▌▌	▌▌
x	$2,000-x$

ここでは方程式の解き方と作り方を学習します。特に方程式を作るに当たって、問題文中の表現がヒントになることがあります。その表現を慎重に見つけて、方程式を作りましょう。

---

1 方程式

　公務員試験の数的処理に限らず、民間の採用テストであっても文章題が出題されます。その際に必須となるのが方程式です。方程式の解き方、作り方を押さえて、さまざまな文章題に対応できるようにしましょう。

　方程式（ほうていしき）とは、**文字が含まれており、イコールでつながった式**のことをいいます。文章題を読み取って方程式を作ることで、文字に入る数値を求めるわけですね。まずは方程式の解き方から復習しておきましょう。

> 例えば、次のような式が方程式です。
>
> $$3x+40=100$$
> $$\frac{x-3}{5}+2x=28$$
>
> また、上の 2 つの方程式に出てくる「x」が「文字」に当たります。

2 方程式を解く

　文字に入る数値を求めることを「解く」といいます。文字に入る数値は、**式を変形させる**ことで求めることができます。例えば、以下のような方程式を考えてみましょう。

> **例1**　$5x + 120 = 670$ を解きなさい。

　文字の前についた数値を「係数」といいますが、$5x$ とは「$5 \times x$」の「$\times$」を省略したものです。この式を変形して「$x =$」という形に変えれば、x に入る数値を求めることができます。まずは以下のように変形しましょう。

板書1　方程式の変形 I

$$5x + 120 = 670$$
$$5x = 670 - 120$$
$$5x = 550$$

> 「$+120$」がイコールの右側に移動すると「-120」に変わる

　ここで使っているのが「移項」です。**イコールの反対側に数値を移動させる**ことをいい、この移動のときに**プラス・マイナスを逆にしなければなりません**。なぜこれが可能かというと、**イコールの左側（左辺）と右側（右辺）に同じ計算をしているから**です。上記の例であれば、左辺の「$+120$」が邪魔なので、「-120」をしました。イコールでつながっているわけですから、右辺も同じように「-120」をしてバランスを取ったわけですね。以下のとおりです。

板書2　方程式の変形 II

$$5x + 120 = 670$$
$$5x + 120 - 120 = 670 - 120$$
$$5x = 550$$

> 左辺からも右辺からも120を引いている

丁寧に検討すると 板書2 のようになりますが、慣れたら 板書1 のように、「プラス・マイナスを逆にしてイコールの反対側に移す」と覚えてしまったほうが楽です。

あとは、左辺の「$5x$」から「5」を取りたいので、左辺と右辺をそれぞれ5で割れば、$x = \mathbf{110}$ となります。

板書3 **方程式の変形Ⅲ**

$$5x \div 5 = 550 \div 5$$
$$x = 110$$

左辺と右辺の両方を
5で割っている

方程式を解くためには、このように両辺に同じ計算をしてバランスを取る、ということを覚えておきましょう。

3 方程式を作る

　これがおそらく最も難しいところでしょう。問題文を正しく読んで、正確に式の形にしなければいけません。基本的には練習あるのみですが、方程式の作り方のコツを紹介しましょう。

1 合計・差・倍の表現で式を作る

　まず、そもそも方程式は「イコールでつながった式」ですから、文章題を読んで「イコールになっているところ」を探せばよいのです。どのような表現にイコールが隠れているかというと、代表的なものは、**合計、差、倍**の3つです。

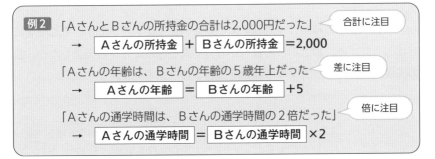

　このように、方程式を作る際には合計・差・倍の表現を探してみることが大事です。

2 基準に文字をおく

　文字をおくところで悩むこともあると思いますが、基本的には「求めたいもの」に文字をおく、と覚えておけばよいでしょう。それだけだと式が作れないのであれば、別途、「わかっていないもの」に文字をおくとよいでしょう。

例3　「AさんとBさんの所持金の合計は2,000円だった」
　→　Aさんの所持金を求めたいのであれば、Aさんの所持金をx [円] とおきます。しかし、Bさんの所持金はわかっていませんね。そこで、方程式を作るためには、Bさんの所持金にも文字をおかなくてはなりません。よって、Bさんの所持金をy [円] とおくと、方程式は$x+y=2,000$となります。

　しかし、文字の種類はなるべく増やさないようにしたいです。そこで先ほどは、合計、差、倍といった表現から方程式を作ることを考えましたが、**この表現をうまく使って文字の種類を減らす**ことを考えてみますね。

例4　「AさんとBさんの所持金の合計は2,000円だった」
　→　Aさんの所持金を求めたいのであれば、Aさんの所持金をx [円] とおきます。このAさんの所持金を**基準**とすると、Bさんの所持金は、2,000円からAさんの所持金を引いた金額、つまり、$2,000-x$ [円] と表すことができます。

　このように、**基準**を決めて考えると、文字の種類を減らすことがでます。

Section 2 連立方程式

こんなことを学習します

$$3x + 2y = 60$$
$$7x - 4y \blacksquare 10$$

ここでは連立方程式の解き方を学習します。本書では、シンプルに解くことを主眼としていますので、加減法（この言葉を覚える必要はありませんが）と呼ばれる解き方のみを説明します。

1　連立方程式

　Section 1では主に文字が1個（1種類）の例を挙げました。しかし、方程式を作る際には文字が2個（2種類）になることもあります。そのような場面で登場するのが連立方程式です。

　文字が1個（1種類）であれば、方程式を1本作れば文字に入る数値を特定することができます。しかし、文字がxとyのように2個（2種類）の場合は、方程式は2本必要になります。**原則、文字の種類の数と式の本数は同じになります。**

2　連立方程式の解き方

　文字が2種類の連立方程式を解くには、まずどちらか1種類の文字を消します。そのために、**2本の式全体を足し算または引き算します。**次の例を見てみましょう。

例5 以下の連立方程式を解きなさい。

$$\begin{cases} 3x-2y=6\cdots① \\ 4x-3y=5\cdots② \end{cases}$$

　まず、y を求めるために x を消しましょう。①の x の係数は「3」、②の x の係数は「4」ですので、この2つの数字を揃えないと x は消えません。そこで、①の式全体に4を掛け、②の式全体に3を掛けるとうまく①、②の x の係数が12に揃います。

ここでも方程式の両辺に同じ計算をしてバランスを取ります。

板書4 **連立方程式の解き方**

$(3x-2y=6)×4$ ⇒ $12x-8y=24\cdots①´$
$(4x-3y=5)×3$ ⇒ $12x-9y=15\cdots②´$

「$12x$」に揃えるために①を4倍、②を3倍

　①´の式全体から②´の式全体を引く

$$\begin{array}{r} 12x-8y=24\cdots①´ \\ -\underline{)\,12x-9y=15\cdots②´} \\ y=9 \end{array}$$

引き算によって x を消しました

　$3x-2y=6$（①の式）に $y=9$ を代入すると、$3x-2×9=6$ より $3x=24$ となり、両辺を3で割ると $x=\mathbf{8}$ となります。

　このように、**消したい文字の係数を揃えてから2本の式全体を足し算または引き算する**ようにします。

CHAPTER 1　過去問チェック！

問1　Section 1 **2**・Section 2 **2**

　表は、ある遊園地の1人当たりの入園料を示したものである。この遊園地では30人以上の団体の場合、1人当たりの入園料はそれぞれの団体料金で計算される。

	大人	子ども
一般料金（円）	1,000	600
団体料金（円）	940	560

　この遊園地で、大人と子どもを合わせて43人の団体の入園料が、一般料金で計算した場合と比べて2,000円安くなった。この団体の大人と子どもの**人数の差**は何人か。

❶　13人　　❷　14人　　❸　15人　　❹　16人　　❺　17人

国家一般職高卒2010

解説　正解3

　43人の団体の入園料は、団体料金で計算したほうが「一般料金で計算した場合と比べて2,000円安くなった」とあります。この表現は**差**ですね。そこで、この表現で方程式を作ります。また、43人は**合計**です。この表現でも方程式を作ることができます。

　入園料は、**人数×1人当たりの料金**で求めることができますから、大人と子どもの人数にそれぞれ文字をおく必要がありますね。よって、大人の人数をx［人］、子どもの人数をy［人］とおくと、団体料金で計算した場合の入園料は**$940×x+560×y$**［円］、一般料金で計算した場合の入園料は**$1,000×x+600×y$**［円］となります。これらを使って方程式を2本作れます。

$$940x+560y=1,000x+600y-2,000 \Rightarrow 60x+40y=2,000 \cdots ①$$

$$x+y=43 \cdots ②$$

①の式全体を20で割ると、係数が小さくなり計算しやすいです。

$$3x+2y=100 \cdots ①'$$

②の式全体に2をかけると、うまく①'と②'のyの係数が2に揃います。

$$(x+y=43)×2 \Rightarrow 2x+2y=86 \cdots ②'$$

①'から②'の引き算をしましょう。

$$3x + 2y = 100\cdots①'$$
$$-)\ \ 2x + 2y = \ \ 86\cdots②'$$
$$x\ \ \ \ \ \ \ \ = \ \ 14$$

大人の人数が14人とわかりましたので、子どもの人数は43－14＝29［人］です。
この団体の大人と子どもの人数の差は29－14＝**15**［**人**］ですから、正解は❸です。

　　ただ、できれば、もっとシンプルに解きたいです。そのためには、子どもの人数
をy［人］とおくことはせずに、大人の人数を**基準**として、子どもの人数を**43－x**
［人］と表現すると、次のように方程式は1本になります。

$$940 \times x + 560 \times (43 - x) = 1{,}000 \times x + 600 \times (43 - x) - 2{,}000$$

この式全体を10で割ると、係数が小さくなり計算しやすいです。

$$94x + 56(43 - x) = 100x + 60(43 - x) - 200$$

では、上の式を解きます。

$$94x + 2{,}408 - 56x = 100x + 2{,}580 - 60x - 200$$
$$2x = 28$$
$$x = 14$$

大人の人数がわかりましたので、この後の手順は上と同じです。

問2 Section 2 **2**

　　Aさんの所持金は、Bさんの所持金の3倍より1万円多く、Cさんの所持金の2
倍より2万円少ない。BさんとCさんの所持金の合計は、4万5千円である。Aさ
んの所持金として最も妥当なのはどれか。

❶　3万7千円　　　❷　4万1千円　　　❸　4万3千円

❹　4万6千円　　　❺　5万2千円

東京消防庁Ⅱ類2011

解説　正解4

　　Aさん、Bさん、Cさんの所持金をそれぞれa［万円］、b［万円］、c［万円］
とおいて方程式を作りましょう。「Aさんの所持金は、Bさんの所持金の3倍より
1万円多く、Cさんの所持金の2倍より2万円少ない」とあるので、以下のように

22

方程式が 2 本作れます。

$$a = b \times 3 + 10{,}000 \quad \Rightarrow \quad a = 3b + 10{,}000 \cdots ①$$

$$a = c \times 2 - 20{,}000 \quad \Rightarrow \quad a = 2c - 20{,}000 \cdots ②$$

「 B さんと C さんの所持金の合計は、4 万 5 千円である」とあるので、以下のように方程式が作れます。

$$b + c = 45{,}000 \cdots ③$$

①と②はともに「$a = \cdots$」の形なので右辺どうしも等しいです。つまり $3b + 10{,}000 = 2c - 20{,}000$ が成り立ち、整理すると、以下の方程式が作れます。

$$3b - 2c = -30{,}000 \cdots ④$$

③と④の連立方程式を解きます。③の式全体に 3 を掛けると、うまく③と④の b の係数が 3 に揃います。

$$(b + c = 45{,}000) \times 3 \quad \Rightarrow \quad 3b + 3c = 135{,}000 \cdots ③´$$

$$3b - 2c = -30{,}000 \cdots ④$$

③´から④を引きましょう。

$$
\begin{array}{r}
3b + 3c = 135{,}000 \cdots ③´ \\
-)\ \ 3b - 2c = -30{,}000 \cdots ④ \\
\hline
5c = \ \ 165{,}000 \\
c = \ \ \ \ 33{,}000
\end{array}
$$

これを②の式 $[a = 2c - 20{,}000]$ に代入するとよいでしょう。そうすると、$a = 2 \times 33{,}000 - 20{,}000 = \mathbf{46{,}000}$ [円] となるので、正解は❹です。

CHAPTER 2

割合・比

「割合・比」は、公務員試験に限らず、民間企業の採用試験でも出題されるとても大切なテーマの１つです。

Section 1

割合・比

こんなことを学習します

ここでは割合・比について学習します。割合・比の計算ができるようになることも大切ですが、「そもそも割合とか比ってなに？」、「どういうときに使うの？」といったところから説明しています。このような概念を理解することも大切です。

1 割 合

割合を噛み砕いていうと、「ある複数のものの数量の大小関係を、実際の数値を使わずに表したもの」のことです。具体例で考えてみましょう。

例えば、AさんとBさんの2人が自分の貯金額を比較したときに、こういう言い方をしたとします。

私はBさんの3倍貯金しているぞ！

私はAさんの $\frac{1}{3}$ しか貯金がない…

2人は実際の貯金額を明らかにしていませんが、それでも貯金額の大小関係はわかりますよね。これを「割合」とか「比率」という言い方をします。このとき、必ず基準（もとにする量）が存在するので、「基準に対して比べる

ものはどれくらいの数量なのか」を表していると理解してください。

Aさんの発言はBさんの貯金額を基準にしており、Bさんの発言はAさんの貯金額を基準にしています。

2　倍率と比

　大きく分けると、割合には２つの表し方があります。これがSection 1のタイトルである「割合」と「比」です。ただ、「比」のことも「割合」と呼ぶことがあり、同じ言葉でややこしくなるので、ここでは通常の「割合」のことは「倍率」と呼ぶことにしましょう。「**倍率**」と「**比**」という言い方で分けて紹介しますね。

1　倍率とは

　倍率（ばいりつ）というのは、**基準を１としたときに比べるものの量を表した値**のことです。文字どおり「○○倍」という言い方のことだと思っておけばよいでしょう。例えば、先ほどのAさんの「私はBさんの**３倍**貯金しているぞ！」という言い方ですね。これは、Bさんの貯金額を「１」としたときに、Aさんの貯金額（比べるもの）は「３」と表せる、という意味です。もちろん、実際の貯金額はわかりません。しかし、Bさんの貯金額が1,000円ならAさんのは1,000 × 3 = 3,000［円］ですし、Bさんの貯金額が2,000万円ならAさんのは2,000 × 3 = 6,000［万円］です。このように、実際の貯金額がいくらなのかはケースによって変わりますが、どちらにしても**Aさんの貯金額がBさんの３倍だということは変わらない**わけですね。

「Bさんの貯金額がAさんの $\frac{1}{3}$ だ」というのも同様です。Aさんの貯金額を「１」としたときに、Bさんの貯金額は「$\frac{1}{3}$」と表せる、ということです。実際の貯金額がいくらだとしても、Bさんの貯金額がAさんの $\frac{1}{3}$ 倍だということは変わらないわけです。

　比とは、「全体を何等分したうちのいくつ分なのか」を表した値のことです。例えば、AさんとBさんの貯金額について、AさんがBさんの3倍であることは、比にすると3：1と表すことができます。これはつまり、AさんとBさんの貯金額全体を4等分したとき、Aさんが3個分、Bさんが1個分だということを表します。

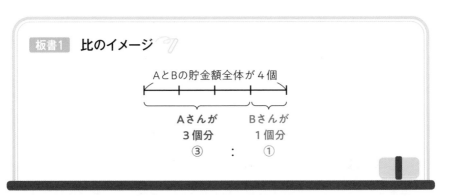

板書1　比のイメージ

AとBの貯金額全体が4個

Aさんが　　　Bさんが
3個分　　　　1個分
③　　：　　①

比の数字は実際の数値とは異なるので、区別するために上の図の③：①のように丸や四角で囲って表すことがあります。

　ちなみに、**比は左右の数値に同じ数をかけたり同じ数で割ったりしても同じ比になります。**例えば $3：1＝6：2＝9：3＝12：4＝1：\dfrac{1}{3}＝\cdots$ ということです。6：2は全体を8等分したうちの6個分、2個分ということですから、実質は3：1と同じになっているわけですね。

3　倍率のポイント

　倍率においては、整数・小数・分数以外の表し方を覚えておきましょう。また、「倍率」というぐらいですから「かけ算」で計算します。

1 百分率と歩合

　倍率は整数・小数・分数で表すこともありますが、他の表し方として押さえておきたいのが**百分率と歩合**です。百分率とは、いわゆる「**パーセント**」の表し方のことで、基準である1を「**100%**」と表します。歩合とは、いわゆる「**割**」、「**分**」の表し方のことで、基準である1を「**10割**」と表します。

　以下、それぞれの対応をまとめておきますので、読み換え、書き換えができるようにしておきましょう。

板書2 **百分率（%）と歩合（割・分）**

百分率（%）	歩合（割・分）
100% = 1 **基準**	10割 = 1 **基準**
10% = 0.1 = $\frac{1}{10}$	1割 = 0.1 = $\frac{1}{10}$
1% = 0.01 = $\frac{1}{100}$	1分 = 0.01 = $\frac{1}{100}$

---

2 百分率と歩合の計算

　次の **例1** の(1)の計算が最も重要です。加えて、「○○増し」や「○○引き」の計算も確認しておきましょう。

例1　(1)　250円の8％はいくらか。
　　　　(2)　250円の10%増しはいくらか。
　　　　(3)　250円の2割引きはいくらか。

---

(1)　「**250円を基準としたときに、その8%にあたる金額はいくらか**」ということです。したがって、250円の8％分を計算すればよいので、**かけ算**を使って $250 \times 0.08 = 20$ ［円］となります。

(2)　「**250円を基準としたときに、その10%にあたる金額を増やすといくら**

か」ということです。250円の10％は $250 \times 0.1 = 25$ ［円］なので、10％増しは $250 + 25 = \mathbf{275}$ ［円］です。これらの計算はまとめて $250 \times (1 + 0.1) = 250 \times 1.1 = 275$ ［円］のように求めることができます。

(3) 「**250円を基準としたときに、その2割にあたる金額を減らすといくらか**」ということです。250円の2割は $250 \times 0.2 = 50$ ［円］なので、2割引きは $250 - 50 = \mathbf{200}$ ［円］です。これらの計算はまとめて $250 \times (1 - 0.2) = 250 \times 0.8 = 200$ ［円］のように求めることができます。

4 比のポイント

比については、覚えておさたい知識がいくつかあります。これまでに勉強したことがあるものばかりだと思いますから、忘れているものは補っておきましょう。

1 比例式の性質

比をイコールでつなげたものを**比例式**といいます。このとき、**内側どうしのかけ算の値と外側どうしのかけ算の値は等しくなる**という性質を持ちます。とても有名な性質ですね。例えば、先ほどの $3 : 1 = 6 : 2$ で考えると、内側どうし・外側どうしをかけ算すると、どちらも値が6で等しくなります。

板書3　比例式の性質

内側どうしのかけ算
$1 \times 6 = \underline{6}$

$$3 : 1 = 6 : 2$$

$3 \times 2 = \underline{6}$
外側どうしのかけ算

例えば問題文の条件から「$x : 5 = 3 : 1$」という比例式が作られた場合、先ほどの性質を利用してxの値を求めることができます。$5 \times 3 = x \times 1$より$x = 15$となります。

2 連比の作り方

3つ以上の数を1つの比にまとめて表したものを「連比」といいますが、これを作れるようにしましょう。共通項目があるときに作ることができ、共通項目を表す「**数字を揃える**」と理解してもらえばよいでしょう。

> 例2　AさんとBさんの貯金額の比が4：3、BさんとCさんの貯金額の比が2：5であるとき、Aさん、Bさん、Cさん3人の貯金額の比はいくらか。

A：B＝4：3、B：C＝2：5であり、**共通項目である「B」**がありますので、「A：B：C＝…」とまとめることができます。

このとき、共通項目の数字を揃えることが重要です。先ほども出てきたように、同じ数をかけたり、同じ数字で割ったりしても同じ比ですから、これを利用してBの比の数字を揃えれば、まとめることができます。以下のように縦に揃えて並べるとわかりやすいですよ。

> 板書4　**連比の作り方**
>
>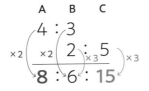

板書4 のように、A：**B**＝4：3＝8：**6**、**B**：C＝2：5＝**6**：15とすれば、どちらもBの数字が**6**で揃うので、まとめることができます。よって、A：

B：C = **8：6：15**となります。

3 文字を使って比を表す

例2のAさんとBさんの貯金額の比が4：3であることから、実際の貯金額を考えてみましょう。仮にAさんが40万円だったらBさんは30万円でしょうし、Aさんが400万円だったらBさんは300万円ですね。さらにAさんが800万円ならBさんは600万円です。もちろん、これ以外にも考えられる貯金額はまだまだありますが、すべてを書き出すことは不可能です。では、Aさんの貯金額を x ［万円］、Bさんの貯金額を y ［万円］とおくのがよいでしょうか？ もう少し考えてみましょう。そこで、これらの貯金額を以下のように表してみます。

40万円	30万円	⇒	4×10 ［万円］	3×10 ［万円］
400万円	300万円	⇒	4×100 ［万円］	3×100 ［万円］
800万円	600万円	⇒	4×200 ［万円］	3×200 ［万円］

「×」の後の数の部分が変わっているだけで、もともとの比の部分である「4」や「3」はそのままです。しかも2人とも「×」の後の数は同じ数値です。このことから、2人の貯金額を、 x 万円と y 万円と表さなくても、「×○」の部分を文字にして、4×x = $4x$［万円］と3×x = $3x$［万円］と表せばよいのです。しかも文字は**1種類でよい**ですね。

> なぜこのように文字を使う必要があるかというと、比の数字は実際の数値ではないので、そのままでは式に取り込んで使うことができません。そこで、文字を使うことによって、式に取り込もうというわけです。解く際のコツとして是非覚えておきましょう。

Section 2 濃　度

こんなことを学習します

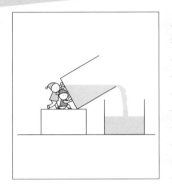

ここでは濃度について学習します。濃度の問題は食塩水を題材にすることが多く、食塩水に含まれている食塩が主役となります。つまり、食塩の量で方程式を作っていきます。

1 濃　度

　濃度の単位は「％」で表しますので、**割合の問題の一種**です。また、濃度の問題では食塩水を題材にすることが多いので、**食塩水と食塩の違い**を確認しておきましょう。

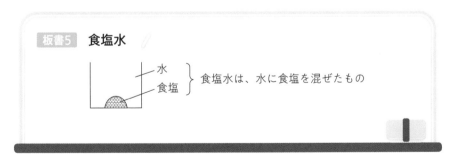

板書5　食塩水

水
食塩　　食塩水は、水に食塩を混ぜたもの

2 濃度の問題の解き方

　一般的に、濃度の問題では、異なる濃度の食塩水を2種類混ぜて、できあがった全体の食塩水の濃度を考えます。

1 表を作成する

　この場合、上から濃度、食塩水の重さ、食塩の重さの順で表を作ります。

> **板書6** 表の作り方
>
> | | 食塩水A | 食塩水B | 全体 |
> |---|---|---|---|
> | 濃度［%］ | | | |
> | 食塩水［g］ | | | |
> | 食塩［g］ | | | |

大切なのは全体を表す列を書き忘れないことです。

2 食塩［g］の求め方

　濃度は割合の一種で、食塩水の濃度は、「**食塩水全体に占める食塩の割合**」という意味になります。ですから、濃度の求め方は、濃度［%］$= \dfrac{食塩［g］}{食塩水［g］} \times 100$ となります。そして、この式の両辺に $\dfrac{食塩水［g］}{100}$ をかけると、$\dfrac{濃度［%］\times 食塩水［g］}{100} =$ 食塩［g］となり、食塩の求め方がわかります。

単純に、「濃度と食塩水を掛けて100で割る」と覚えておくとよいでしょう。

3 食塩の全体（合計）で方程式を作る

　先ほどの表の食塩の段で式を作ります。公式といってもよいでしょうが、CHAPTER1で説明した方程式の作り方です。

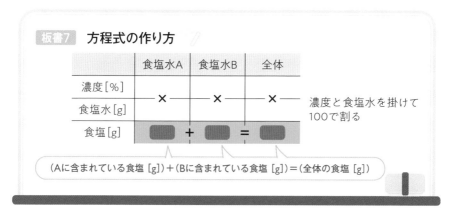

板書7　**方程式の作り方**

	食塩水A	食塩水B	全体
濃度[%]	×	×	×
食塩水[g]			
食塩[g]	▬ ＋	▬ ＝	▬

濃度と食塩水を掛けて100で割る

（Aに含まれている食塩[g]）＋（Bに含まれている食塩[g]）＝（全体の食塩[g]）

　では、具体的に、以下の例で考えてみましょう。

例3　　3％の食塩水Aと8％の食塩水Bをよく混ぜて、6％の食塩水を200g作るとき、8％の食塩水を何g混ぜればよいか。

　表にわかっている数値を書き入れます。6％の食塩水が全体ですね。したがって、全体の食塩水に含まれている食塩の重さは$\frac{6 \times 200}{100}$[g]です。約分せずにこのまま表に入れましょう。

	食塩水A	食塩水B	全体
濃度[%]	3	8	6
食塩水[g]			200
食塩[g]			$\frac{6 \times 200}{100}$

　求めたいものは8％の食塩水Bの重さですから、ここにx[g]と文字をおきます。そうすると、食塩水Bに含まれている食塩の重さは$\frac{8 \times x}{100} = \frac{8x}{100}$

［g］です。

　食塩水Aの重さもわかっていませんから、ここにも文字をおくかというとそんな必要はありません。**食塩水Bの重さを基準**にすれば、食塩水Aの重さは $200 - x$ ［g］となります。よって、食塩水Aに含まれている食塩の重さは $\dfrac{3 \times (200 - x)}{100}$ ［g］となります。

	食塩水A	食塩水B	全体
濃度 [%]	3	8	6
食塩水 [g]	$200 - x$	x	200
食塩 [g]	$\dfrac{3 \times (200 - x)}{100}$	$\dfrac{8x}{100}$	$\dfrac{6 \times 200}{100}$

　表の食塩で方程式を作ると、以下のようになります。

$$\frac{3 \times (200 - x)}{100} + \frac{8x}{100} = \frac{6 \times 200}{100}$$

　式全体に 100 をかけて整理し、x について解きます。

$$3(200 - x) + 8x = 1{,}200$$
$$600 - 3x + 8x = 1{,}200$$
$$5x = 600$$
$$x = \boxed{120}\ ［g］$$

　このように、食塩の重さで方程式を作るとよいです。

CHAPTER 2　過去問チェック！

問1　Section 1 **3**

　ある店で洗剤を仕入れ、1日目は仕入れた数の $\frac{5}{8}$ が売れた。翌日には1日目に売れた数の $\frac{2}{5}$ が売れたが、まだ17個残っていた。仕入れた洗剤の数はいくつか。

① 105個　　② 136個　　③ 167個　　④ 204個　　⑤ 254個

刑務官2007

解説　正解 2

　割合の問題です。仕入れた洗剤の数に文字をおくと、1日目、翌日に売れた数がわかりますね。そして、これらの数に17個を足せば、仕入れた洗剤の数、つまり、合計になりますから、ここで方程式も作ることができます。

　仕入れた洗剤の数を x［個］とおきます。1日目に売れた数は「仕入れた数の $\frac{5}{8}$」ですから、$x \times \frac{5}{8} = \frac{5}{8}x$［個］です。また、翌日に売れた数は「**1日目に売れた数の** $\frac{2}{5}$」ですから、$\frac{5}{8}x \times \frac{2}{5} = \frac{1}{4}x$［個］となります。

　よって、合計である仕入れた数で方程式を作ると、以下のようになります。

$$\frac{5}{8}x + \frac{1}{4}x + 17 = x$$

$$5x + 2x + 136 = 8x$$

$$x = 136$$

仕入れた洗剤の数は**136個**となるので、正解は②です。

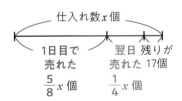

年齢の異なるA、B、Cの3人がいる。AとBの年齢の比は、今から8年前には6：5であったが、今から8年後には10：9となる。また、AとCの年齢の比は、今から8年前には2：1であった。このとき、BとCの年齢の差はいくらか。

① 2歳   **②** 4歳   **③** 6歳   **④** 8歳   **⑤** 10歳

国家一般職高卒2017

解説　正解4

比の問題です。求めたいものはBとCの年齢の差ですから、BとCの年齢に文字をおきたいところです。また、2人の年齢の差は、現在でも8年前でも8年後でも同じですよね。ですから、どの年の年齢に文字をおいても解くことができます。しかし、8年前の年齢の比が2つありますね。まずは、この2つの比から連比を作って、8年前のA、B、Cの年齢の比を見つけてから文字をおいたほうが、文字の種類も少なくできそうです。少し前置きが長くなりましたが、解いてみようと思います。

8年前の年齢の比は、「A：B＝6：5」と「A：C＝2：1」ですから、この2つの比から連比を作ると、以下のようになります。

$$
\begin{array}{ccc}
A & B & C \\
6 : & 5 & \\
\times 3 \diagdown\begin{pmatrix} 2 & : & 1 \end{pmatrix}\diagup \times 3 \\
\diagdown 6 : & 5 : & 3 \diagup
\end{array}
$$

したがって、8年前のA、B、Cの年齢を、Aは$6x$［歳］、Bは$5x$［歳］、Cは$3x$［歳］とおくことができますね。

そして、もう1つの比は8年後のAとBの年齢の比です。この「A：B＝10：9」を使うには、8年前のAとBに8＋8＝16［歳］年を取ってもらえば同じ年になりますから、比例式を作ることができます。

Aは今から8年前は$6x$［歳］でしたから、現在は$6x＋8$［歳］で、今から8年後は$6x＋8＋8＝6x＋16$［歳］になります。同じように、今から8年後にはBは$5x＋16$［歳］になります。

	A	B
8年前	$6x$	$5x$
今	$6x+8$	$5x+8$
8年後	$6x+16$	$5x+16$

8年後のAとBの年齢比が10：9だということですから、以下のように比例式を作ることができます。

$$(6x+16):(5x+16)=10:9$$

内側のかけ算と外側のかけ算の値が同じであるので、これを使って整理し、xについて解きます。

$$10\times(5x+16)=9\times(6x+16)$$
$$50x+160=54x+144$$
$$4x=16$$
$$x=4$$

したがって、8年前の年齢は、Bが5×4＝20［歳］、Cが3×4＝12［歳］ですから、年齢の差は20－12＝**8［歳］** となります。

よって、正解は**④**です。

問3 Section 2 2

濃度7％の食塩水が入った容器Aと、濃度10％の食塩水が入った容器Bがある。今、容器A、Bからそれぞれ100gの食塩水を取り出して、相互に入れ替えをし、よくかき混ぜたところ、容器Aの濃度は9.4％になった。最初に容器Aに入っていた食塩水は何gか。

① 125g   ② 150g   ③ 175g   ④ 200g   ⑤ 225g

特別区Ⅰ類2017

解説　正解 1

濃度の問題です。求めたいものは最初に容器Aに入っていた食塩水の重さなので、x［g］と文字をおきます。そうすると、「容器A、Bからそれぞれ100gの食塩水を取り出して」とあるので、**容器Aに残っている食塩水の重さは$x-100$［g］**

となります。そして、「相互に入れ替えをし、よくかき混ぜたところ、容器Aの濃度は9.4％になった」とあり、**容器Aの$x-100$〔g〕と容器Bから取り出した食塩水100gを混ぜている**ことがわかりますので、以下のように表に整理することができます。

	食塩水A	食塩水B	全体
濃度〔％〕	7	10	9.4
食塩水〔g〕	$x-100$	100	x
食塩〔g〕	$\dfrac{7\times(x-100)}{100}$	$\dfrac{10\times100}{100}$	$\dfrac{9.4\times x}{100}$

表の食塩で方程式を作ると、以下のようになります。

$$\frac{7\times(x-100)}{100}+\frac{10\times100}{100}=\frac{9.4\times x}{100}$$

式全体に100をかけて整理し、xについて解きます。

$$7\times(x-100)+10\times100=9.4x$$
$$7x-700+1{,}000=9.4x$$
$$2.4x=300$$
$$x=125$$

よって、最初に容器Aに入っていた食塩水は**125g**ですから、正解は❶です。

CHAPTER 3

速 さ

「速さ」は、多くの受験生が苦手にしてるテーマの１つです。ボリュームも多いですが、この機会に、速さについての基本的な考え方をマスターしましょう。

Section 1 速さの基本

こんなことを学習します

速さの意味や単位換算などの基本を学習します。「移動の速さ」と「仕事の速さ」という、あまり聞き慣れない言葉が登場しますが、1つの考え方ですので、このような視点から学習してみてください。

1 速 さ

　速さとは、<u>単位時間当たりの変化量</u>のことです。「単位時間当たり」とは、具体的には、1秒当たり、1分当たり、1時間当たり、1日当たり、といったものになります。

> この変化量には、移動距離と仕事量の2つがあり、一般的に、移動距離について考えるテーマを「速さ」、仕事量について考えるテーマを「仕事算」と呼びます。

2 移動の速さ

移動の速さとは、「単位時間当たりに移動する距離」のことです。例えば、時速（毎時）60km（「60km/時」）で走っている自動車があるとき、この「時速60km」という速さは、「**1時間当たり60km移動する**」ということを表しています。つまり、次の1時間でも60km移動し、また次の1時間でも60km移動するということなので、感覚的にスピード感がつかめます。

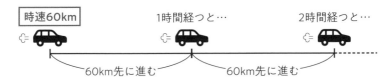

| 時速60km | 1時間経つと… | 2時間経つと… |

60km先に進む　　　　60km先に進む

> これが1分あたりであれば「分速（毎分）」、1秒あたりであれば「秒速（毎秒）」といいます。

1 移動の速さの3要素

例えば「3時間で180km移動する」とある場合、移動の速さは、「1時間当たりに移動する距離」のことですから、この場合は、180kmを3時間で割ることで求められます。すると、180 ÷ 3 = 60より、1時間当たりに60km移動する、すなわち、**時速（毎時）60km**となります。

このように、移動の速さは「（移動）距離 ÷ 時間 $\left(= \dfrac{（移動）距離}{時間} \right)$」で求めることができます。この式に登場する、①移動の速さ、②（移動）距離、③時間が3要素であり、このうちの**2つの要素の関係から、もう1つの要素が決まる**わけです。

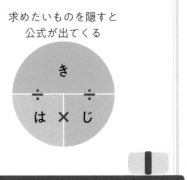

板書1 移動の速さの公式

速さ＝距離÷時間 $\left(=\dfrac{距離}{時間}\right)$

時間＝距離÷速さ $\left(=\dfrac{距離}{速さ}\right)$

距離＝速さ×時間

※ここでは、移動の速さを「速さ」と表します。

求めたいものを隠すと
公式が出てくる

この3要素の関係を覚えて、公式が正しく導けるようにしましょう。

なお、上記のような円を描いて公式を導くこともできますが、最終的には描かなくても公式が出てくるようにしましょう。

2 単位換算

　移動の速さにおいては単位が登場します。問題や選択肢に出てくる単位に揃えて計算する必要がありますから、単位は正しく変えられるようにしましょう。

❶ 時間の単位

　1時間＝60分、1分＝60秒なので、右のような関係性になります。単位を小さくするときは「×」、大きくするときは「÷」と覚えましょう。ちなみに、「÷60」は「$×\dfrac{1}{60}$」と同じ計算です。かけ算でも覚えておくと、検討しやすいと思います。

例えば36分の単位を「時間」に変える場合、36÷60＝0.6［時間］でも構いません。しかし、$36 \times \dfrac{1}{60} = \dfrac{36}{60}$［時間］と表したほうが、一目で「36分のことだ！」と認識しやすいですね。

❷　距離の単位

1km ＝ 1,000m なので、右のような関係性になります。同じく、単位を小さくするときは「×」、大きくするときは「÷」と覚えましょう。

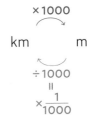

基本的には「km」と「m」しか出てこないと考えてよいでしょう。

| 例1 | 分速700mで進む自動車が、5.6km進むのにかかる時間は何分か。 |

「時間＝距離÷速さ」の公式を使いましょう。距離は5.6kmですが、速さは分速700mです。そこで、単位を揃えて計算するために、距離の単位を「km」から「m」に変えます。単位を小さくするので「×」ですね。5.6 × 1,000 ＝ **5,600**［m］となります。

よって、5,600 ÷ 700 ＝ 8となるので、**8分**かかります。

3 仕事の速さ

　仕事の速さとは、「単位時間当たりに行う仕事量」のことです。この場合、移動の速さにある時速のような単位はありません。なので、例えば「1時間当たりに2つの仕事を行う」や「1日当たりに3つの仕事を行う」などの表現があります。

　仕事の速さ（仕事算）についてはSection 3で詳しく扱うので、ここでは大まかなイメージを持っておきましょう。

1 仕事の速さの3要素

　例えば「3日で1の仕事をする」とある場合を考えてみましょう。仕事の速さは、「1日当たりに行う仕事量」のことですから、この場合は、1を3[日]で割ればよいので、$1 \div 3 = \dfrac{1}{3}$ より、**1日当たりに $\dfrac{1}{3}$ の仕事をする**ことになります。

　1という量の仕事をするという言い方がピンとこないかもしれませんが、「仕事の半分が終わった」といった表現にはなじみがありますよね。このとき、やるべき全体の仕事量を「1」と考えていることがわかります。

　このように、仕事の速さは「仕事量÷時間 $\left(= \dfrac{仕事量}{時間} \right)$」で求めることができます。この式に登場する、①仕事の速さ、②仕事量、③時間が3要素

であり、このうちの2つの要素の関係から、もう1つの要素が決まるわけです。

板書2 **仕事の速さの公式**

速さ＝仕事量÷時間 $\left(=\dfrac{仕事量}{時間}\right)$

時間＝仕事量÷速さ $\left(=\dfrac{仕事量}{速さ}\right)$

仕事量＝速さ×時間

※ここでは、仕事の速さを「速さ」と表します

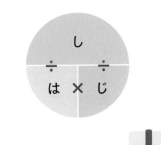

2 単位換算

　時間の単位換算のみできるようになればよいので、移動の速さにおける単位換算を参照してください。

4 移動の速さの問題の解き方

　一般的に、移動の速さの問題は、全体の距離を異なる2種類以上の速さで進むことを考えます。

1 表を作成する

　この場合、上から、移動の速さ、時間、距離の順で表を作ります。

板書3 表の作り方

	Ⅰ	Ⅱ	全体
速さ			
時間			
距離			

濃度の表と同じく、大切なのは全体を表す列を書き忘れないことです。

2 時間の全体または距離の全体で方程式を作る

全体とは合計ですから、やはり、CHAPTER1で説明した方程式の作り方です。

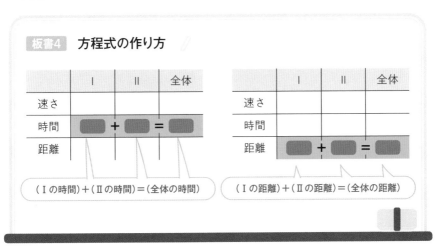

| 板書4 | 方程式の作り方 |

	Ⅰ	Ⅱ	全体
速さ			
時間	■	+ ■	= ■
距離			

（Ⅰの時間）＋（Ⅱの時間）＝（全体の時間）

	Ⅰ	Ⅱ	全体
速さ			
時間			
距離	■	+ ■	= ■

（Ⅰの距離）＋（Ⅱの距離）＝（全体の距離）

では、具体的に、以下の例で考えてみましょう。

例2 　家と駅を往復するのに、往路は時速3kmで行き、復路は時速6kmで戻ったところ、かかった時間は1時間であった。このとき、家から駅までの距離はいくらか。

　先ほどの表にわかっている数値を書き入れます。1時間が全体の時間ですね。

	往路	復路	全体
は [km/時]	3	6	
じ [時間]			1
き [km]			

　求めたいものは家から駅までの距離ですから、ここに x [km]と文字をおきます。そうすると、**時間＝$\dfrac{距離}{速さ}$** なので、往路と復路にかかった時間はそれぞれ、往路が $\dfrac{x}{3}$ [時間]、復路が $\dfrac{x}{6}$ [時間] となります。

	往路	復路	全体
は [km/時]	3	6	
じ [時間]	$\dfrac{x}{3}$	$\dfrac{x}{6}$	1
き [km]	x	x	

　よって、表の時間で方程式を作ると、以下のようになります。

$$\frac{x}{3} + \frac{x}{6} = 1$$

式全体に6をかけて整理し、x について解きます。

$2x + x = 6$

$3x = 6$

$x = $ **2** [km]

Section 2 旅人算

こんなことを学習します

ここでは、速さの問題の中でも「旅人算」と呼ばれるテーマについて学習します。とにかく、人物の進む方向を間違わないようにしましょう。このテーマは、進んだ距離が主役となります。つまり、進んだ距離で方程式を作っていきます。

1 旅人算

旅人算には、人物が2人以上登場し、この人たちが2パターンの動き方をします。例えば、A、Bの2人の人物が登場し、AとBが反対方向に進むケースやAとBが同じ方向に進むケースがあります。このとき、反対方向に進むと2人は出会うことになり、同じ方向に進むと一方が他方に追いつくことになります。

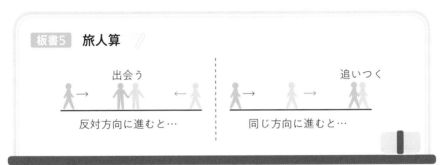

板書5 旅人算

出会う　　　　　　　　　　追いつく

反対方向に進むと…　　　　同じ方向に進むと…

旅人算の解き方

2人以上が登場するうえ、先ほど述べたように動き方も複雑なので、旅人算は苦手にする人が多いテーマの1つです。ただ、Section 1で学習した表に3つの要素を整理すれば、きちんと解くことができます。

1 反対方向なら「距離の和」、同じ方向なら「距離の差」に着目する

必ず登場人物の進む向きに注意してください。原則として「反対方向」か「同じ方向」か、のどちらかになります。そして、それぞれ問題を解く流れが変わります。

2 反対方向に進む場合

具体的に、以下の例で考えてみましょう。

> 例3　　Aさんは甲地点、Bさんは乙地点にいる。Aさんは70m/分の速さで乙地点に向かって、Bさんは50m/分の速さで甲地点に向かって同時に出発したところ、10分後に2人は出会った。このとき、甲乙間の距離はいくらか。

図にすると以下のような状況ですね。

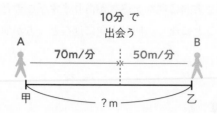

また、表に速さと時間を整理すると、以下のようになります。**反対方向に進んだ場合は「距離の和」に着目して**、Aさんの進んだ距離とさんの進んだ距離を求めましょう。

なお、今回は全体を表す列は不要です。AさんとBさんの進んだ時間を足して20分としても意味がないからです。

	A	B
は [m/分]	70	50
じ [分]	10	10
き [m]		

　Aさんは70m/分の速さで10分進んでいるので、進んだ距離は$70 \times 10 =$ **700** [m]です。同様にBさんは50m/分の速さで10分進んでいるので、進んだ距離は$50 \times 10 =$ **500** [m]です。そして、以下のように**2人の進んだ距離の和が甲乙間の距離**になりますから、甲乙間の距離は$700 + 500 =$ **1,200** [m]です。

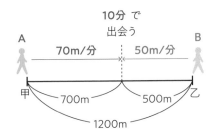

　このように、**反対方向の場合は「距離の和」**に着目すればよいのです。

3 同じ方向に進む場合

　こちらも具体的に、以下の例で考えてみましょう。

> **例4**　Aさんは甲地点、Bさんは乙地点にいる。Aさんは70m/分の速さで、Bさんは50m/分の速さで2人とも同じ右方向に向かって同時に出発したところ、60分後にAさんはBさんに追いついた。このとき、甲乙間の距離はいくらか。

　図にすると以下のような状況ですね。

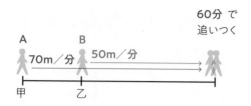

また、表に速さと時間を整理すると、以下のようになります。**同じ方向に進んだ場合は「距離の差」に着目して**、Aさんの進んだ距離とBさんの進んだ距離を求めましょう。

	A	B
は [m/分]	70	50
じ [分]	60	60
き [m]		

Aさんは70m/分の速さで60分進んでいるので、進んだ距離は $70 \times 60 =$ **4,200** [m]です。同様にBさんは50m/分の速さで60分進んでいるので、進んだ距離は $50 \times 60 =$ **3,000** [m]です。そして、以下のように**2人の進んだ距離の差が甲乙間の距離になります**から、甲乙間の距離は $4,200 - 3,000 =$ **1,200** [m]です。

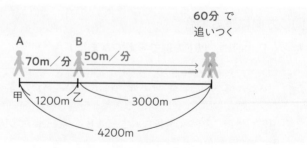

このように、**同じ方向の場合は「距離の差」に着目すればよいのです。**

Section 3 仕事算

こんなことを学習します

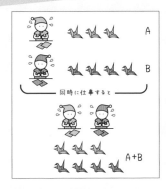

ここでは仕事算について学習します。本書では、「仕事の速さ」という考え方で説明していますが、これは「単位時間当たりの仕事量」と考えることもできます。考え方は違っても、このテーマは仕事量が主役ですから、方程式の作り方は同じです。

1 仕事算

仕事算とは、Section 1 で説明した「仕事の速さ」を扱う問題です。**全体の仕事を終わらせるための時間や日数**を考えさせるものが多いです。

2 仕事算の解き方

仕事をする人物が2人以上登場し、通常は各人の仕事の速さが異なります。移動の速さと同じく表に3つの要素を整理すれば、きちんと解くことができます。

1 表を作成する

この場合、上から、仕事の速さ、時間、仕事量の順で表を作ります。

そして、**全体の仕事量を「1」**とおきましょう。この「1」は表の右下の数値です。

板書6 表の作り方

	A	B	全体
速さ			
時間			
仕事量			1

これまでと同じく、大切なのは全体を表す列を書き忘れないことです。

2 仕事量の全体で方程式を作る

全体とは合計ですから、やはり、CHAPTER1で説明した方程式の作り方です。

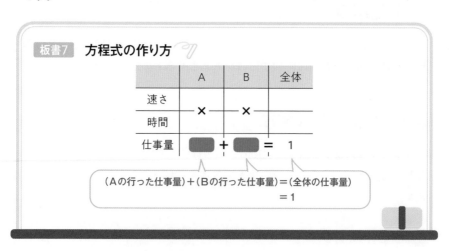

板書7 方程式の作り方

	A	B	全体
速さ	×	×	
時間			
仕事量	■ +	■ =	1

（Aの行った仕事量）＋（Bの行った仕事量）＝（全体の仕事量）
＝1

では、具体的に以下の例で考えてみましょう。

例5　ある仕事をAさん1人なら10日、Bさん1人なら8日で終えることができる。2人で4日仕事をした後、Aさんが1人で仕事を続けるとすると、Aさんは1人で何日仕事をすれば、仕事が終わるか。

　まず、**全体の仕事量を「1」とおき**、AさんとBさんの仕事の速さを考えます。仕事の速さは「仕事量÷時間 $\left(=\dfrac{\text{仕事量}}{\text{時間}}\right)$」で求められますから、Aさんが $1\div10=\dfrac{1}{10}$、Bさんが $1\div8=\dfrac{1}{8}$ となります。これらを表に整理します。

	A	B	全体
は	$\dfrac{1}{10}$	$\dfrac{1}{8}$	
じ			
し			1

　仕事を行った時間、ここでは日数を考えます。2人で4日仕事を行った後、まだ仕事が終わらないので、Aさん1人が仕事をします。このAさん1人が仕事を行った日数を x ［日］とおくと、仕事を行った日数は、Aさんが $(4+x)$ ［日］、Bさんが4日となります。仕事量＝速さ×時間なので、最下段も次のように書き込むことができます。

	A	B	全体
は	$\dfrac{1}{10}$	$\dfrac{1}{8}$	
じ	$4+x$	4	
し	$\dfrac{1}{10}\times(4+x)$	$\dfrac{1}{8}\times4$	1

　表の仕事量で方程式を作ると、以下のようになります。

$$\dfrac{1}{10}\times(4+x)+\dfrac{1}{8}\times4=1$$

整理して、x について解きます。

$$\frac{1}{10}(4 + x) = \frac{1}{2}$$

$4 + x = 5$

$x = \boxed{1}$ ［日］

CHAPTER 3　過去問チェック！

問1　Section 1 **2**・**4**

　5km離れた地点に行くのに初め毎分45mの速さで歩いたが、途中で毎分50mの速さに変えたところ到着するまでに1時間50分かかった。毎分50mの速さで歩いた距離と毎分45mの速さで歩いた距離の比はいくらか。

❶ 1：1　　**❷** 2：3　　**❸** 3：7　　**❹** 1：4　　**❺** 1：9

海上保安学校学生2002

解説　正解5

　速さの問題です。まず、**単位を揃えましょう**。速さの単位が［m/分］ですから、時間の単位は［分］、距離の単位は［m］にしましょう。そこで、**1時間＝60分**ですから、全体の時間である1時間50分は60＋50＝110［分］、**1km＝1,000m**ですから、全体の距離である5kmは5×1,000＝5,000［m］となります。これらを表に整理すると以下のようになります。

	はじめ	途中から	全体
は［m/分］	45	50	
じ［分］			110
き［m］			5,000

　求めたいものは距離ですから、毎分50mで歩いた距離を x［m］とおくと、毎分45mで歩いた距離は（5,000－x）［m］です。そうすると、毎分50mで歩いた時間は $\dfrac{x}{50}$［分］、毎分45mで歩いた時間は $\dfrac{5,000-x}{45}$［分］となり、全体の時間である10分で式を作ることができます。

	はじめ	途中から	全体
は［m/分］	45	50	
じ［分］	$\dfrac{5,000-x}{45}$	$\dfrac{x}{50}$	110
き［m］	**5,000－x**	x	5,000

数的推理

CH 3
速
さ

59

$$\frac{5{,}000-x}{45}+\frac{x}{50}=110$$

式全体に450をかけて整理し、xについて解きます。

$$10\times(5{,}000-x)+9\times x=110\times450$$

$$50{,}000-10x+9x=49{,}500$$

$$x=500$$

毎分50mで歩いた距離が500mであるので、毎分45mで歩いた距離は5,000－500＝4,500 [m] です。よって、距離の比は500：4,500＝**1：9**となるので、正解は**⑤**です。

問2 Section 2 **2**

1.2km離れた直線XY間を、AはX地点、BはY地点を同時に出発して、Aは毎分80mで、Bは毎分100mで往復した。出発してから2人が2度目にすれ違った地点として、最も妥当なのはどれか。

① X地点から200m ② X地点から400m ③ X地点から600m

④ Y地点から200m ⑤ Y地点から400m

東京消防庁Ⅰ類2019

解説　正解5

旅人算の問題です。まず、単位を揃えましょう。速さの単位が [m/分] ですから、距離の単位は [m] にしましょう。そこで、1.2kmは1,200mとなります。

次に、1度目にすれ違ったときについて考えます。図にすると、以下のような状況です。

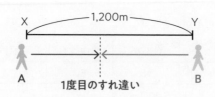

図からわかるように、2人が移動した**距離の和は1,200m**です。出発してから1度目にすれ違うまでにかかった時間をx [分]とおき、表に整理します。

	A	B
は [m/分]	80	100
じ [分]	x	x
き [m]	$80x$	$100x$

距離の和である1,200mで式を作ると、以下のようになります。

$$80x + 100x = 1,200$$

上の式を解くと、$x = \dfrac{20}{3}$ となり、1度目のすれ違いは出発してから$\dfrac{20}{3}$分後となります。

次に、2度目にすれ違ったときについて、同じく図にしてみましょう。

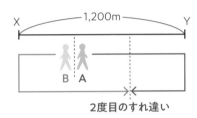

2度目のすれ違い

すると、今度は2人の移動した**距離の和が往復の距離である1,200×2＝2,400**[**m**] であることがわかりますね。であれば、表など書かなくても、1,200mの移動に $\dfrac{20}{3}$ 分かかったわけですから、倍の2,400mの移動には、倍の $\dfrac{20}{3} \times 2 = \dfrac{40}{3}$ [分] かかることがわかります。

よって、出発してから2度目にすれ違うまでに $\dfrac{20}{3} + \dfrac{40}{3} = \dfrac{60}{3} = 20$ [**分**] かかります。進んだ距離は、Aから見れば、出発してから80×20＝1,600 [m] です。その地点は1,200m進んでYに着いた後、**折り返して400m進んだ地点**となります。よって、正解は❺です。

問3 Section 3 ❷

ある仕事をAが一人でやれば20日かかる。いま、この仕事を、Aが一人で4日間やった。その後、残りをBが一人で12日間やったところ、完成した。Bが一人

で最初からこの仕事をやった場合、何日かかるか。

① 18日　　② 17日　　③ 16日　　④ 15日　　⑤ 14日

解説　正解4

　まず、**全体の仕事量を「1」とおきます**。そうすると、Aの仕事の速さは$1 \div 20 = \dfrac{1}{20}$となります。また、仕事を行った日数は、Aが4日、Bが12日です。これらを表に整理します（表1）。表1より、Bの仕事の速さをxとおくと、仕事量全体である1で方程式を作ることができます（表2）。

表1	A		全体
は	$\dfrac{1}{20}$		
じ	4	12	
し			1

表2	A	B	全体
は	$\dfrac{1}{20}$	x	
じ	4	12	
し	$\dfrac{1}{20} \times x$	$x \times 12$	1

$$\frac{1}{20} \times 4 + x \times 12 = 1$$

整理して、xについて解きます。

$$\frac{1}{5} + 12x = 1$$

$$12x = \frac{4}{5}$$

$$x = \frac{4}{5} \times \frac{1}{12} = \frac{1}{15}$$

　Bの仕事の速さが$\dfrac{1}{15}$ということは、$\dfrac{1}{15} = 1 \div 15$より、仕事量1の仕事をBが1人で行えば**15日**かかることがわかります。

　よって、正解は④です。

数の性質

これまでのような具体的な状況を題材にして問題が作られていないものを、総じて「数の性質」と呼ぶことがあります。数そのものが中心となるので、数学的な用語が出てきやすいです。

Section 1 数について

こんなことを学習します

倍数　素因数分解
約数　素数

ここでは、「○○数」という名のついたさまざまな数が登場します。中でも重要なのは倍数と約数ですので、これらにまつわる内容はしっかりと確認しておきたいですね。意外と盲点なのが素数ですから、素数という言葉も含めて理解しましょう。

1 数について

1 自然数

自然数（しぜんすう）とは、正の整数をいい、具体的には1、2、3、…といった数のことです。

2 素数

素数（そすう）とは、1とその数自身でしか割り切れない自然数をいいます。例えばAという自然数があり、A＝1×Aとしか表現できないなら、Aは素数です。

具体的に見ると「2」は「1×2」としか表現できないので素数です。しかし、「4」は「1×4」以外に「2×2」とも表現できるので素数ではありません。

例1 素数は、2、3、5、7、11、13、17、19、23、29、…です。

「1」は素数ではありませんので注意しましょう。

2 倍数・約数

1 倍数・約数

倍数とは、ある自然数 n を「×1」、「×2」、「×3」、…と自然数倍した数のことです。つまり、$n×1$、$n×2$、$n×3$、…とした数のことを「n の倍数」と呼びます。具体的には、$n=2$のとき、$2×1=$**2**、$2×2=$**4**、$2×3$ $=$**6**、…が2の倍数となります。

約数とは、**ある自然数 m を割り切ることができる自然数**のことです。つまり、m を割り切ることができる自然数のことを「m の約数」と呼びます。具体的には、$m=6$のとき、**1、2、3、6**は6を割り切ることができる自然数ですから、これらが6の約数となります。

当たり前ですが、割り算は、「÷」という記号を使いますね。例えば、「6÷3＝2」ですから、「3は6を割り切ることができる数」といえます。この割り算の式を次のように考えれば、かけ算の式にすることができます。「6÷3」は「6×$\frac{1}{3}$」ですから「6÷3＝2」は「6×$\frac{1}{3}$＝2」となります。この式の両辺に3をかけると、「6＝2×3」となります。このように、「割る」という表現をかけ算で表すことも覚えておきましょう。

割り算をかけ算で表すことが理解できましたら、もう一度「6＝2×3」という式を見てみましょう。この式を見ると、6は2を3倍した数ですか

ら、6は2の倍数といえます。また、6は3を2倍した数ですから6は3の倍数といえます。逆に、2と3は6を割り切ることができる数ですから、2と3は6の約数といえます。

> このように、倍数と約数は表裏の関係にあることがわかります。

2 公倍数・公約数

公倍数とは、2つ以上の自然数に共通する倍数のことです。最も小さい公倍数のことを最小公倍数といい、最小公倍数の倍数が公倍数になります。よって、公倍数を知りたいのであれば、最小公倍数を見つければよいのです。

> 例2　2と3の公倍数を調べてみます。
> 　　　2の倍数は2、4、**6**、8、10、**12**、14、16、**18**、20、…です。
> 　　　3の倍数は3、**6**、9、**12**、15、**18**、21、24、27、30、…です。
> 　　　2と3の公倍数は、**6**、**12**、**18**、…で、最小公倍数は**6**です。そして、6、12、18は最小公倍数6の倍数ですから、公倍数は、さらに6×4=24、6×5=30、6×6=36、…と続きます。

公約数とは、2つ以上の自然数に共通する約数のことです。最も大きい公約数のことを最大公約数といい、最大公約数の約数が公約数になります。よって、公約数を知りたいのであれば、最大公約数を見つければよいのです。

> 例3　12と18の公約数を調べてみます。
> 　　　12の約数は**1**、**2**、**3**、4、**6**、12です。
> 　　　18の約数は**1**、**2**、**3**、**6**、9、18です。
> 　　　12と18の公約数は、**1**、**2**、**3**、**6**の4個で、最大公約数は**6**です。
> 　　　そして、1、2、3、6は最大公約数6の約数です。

では、最小公倍数と最大公約数の見つけ方を説明しますね。「すだれ算」

と呼ばれる計算を使います。

板書1 すだれ算で最小公倍数・最大公約数を求める

例えば、16と24の最小公倍数・最大公約数を求めてみましょう。

① 共通して割り切ることができる**素数**を考えて、左に割る数、下に割った
答えを書きましょう。

$$2\,)\,\underline{16\quad 24}$$
$$\quad\ 8\quad 12$$

② ①を繰り返していきます。割った答えを共通して割り切ることができる
素数がなくなったら終わりです。一番下が「2」と「3」になって、共通
して割り切ることができる素数がなくなったので、これで完了です。

$$2\,)\,\underline{16\quad 24}$$
$$2\,)\,\underline{\ 8\quad 12}$$
$$2\,)\,\underline{\ 4\quad\ \ 6}$$
$$\quad\ \ 2\quad\ \ 3$$

③ 左の数だけをかけ算すると最大公約数が、左と下の数をかけ算すると最
小公倍数が求められます。最大公約数は2×2×2＝8、最小公倍数は2×2×
2×2×3＝48となります。

最大公約数 2×2×2

$$2\,)\,\underline{16\quad 24}$$
$$2\,)\,\underline{\ 8\quad 12}$$
$$2\,)\,\underline{\ 4\quad\ \ 6}$$
$$\quad\ \ 2\quad\ \ 3$$

最小公倍数
2×2×2×2×3

3 約数の個数

> **例4** 24の約数の個数はいくつか。

　24のような小さい数なら、24 = 1 × 24、2 × 12、3 × 8、4 × 6より、1、2、3、4、6、8、12、24の**8個**と書き出すことによって約数の個数は判断できます。しかし、数が大きくなると大変ですから、次に示すような方法を覚えておきましょう。

　これに先立ち、素因数分解と指数について確認しておきます。

❶ 素因数分解と指数
　<ruby>素因数分解<rt>そいんすうぶんかい</rt></ruby>とは、**自然数を「素数だけのかけ算」の形にすること**です。このとき、同じ素数を何回もかけ算することがあるので、その場合は**指数**を<ruby>使<rt>しすう</rt></ruby>って表現します。

> **例5** 36を素因数分解すると2 × 2 × 3 × 3となります。このとき、同じ2を2回、3を2回かけているので、それぞれの右上に小さく「^{2}」と書いて、$2^2 × 3^2$と表せます。この「^{2}」が指数で、「2乗」と読みます。

　なお、素因数分解をするには先ほど紹介した**すだれ算（はしご算）**を使い、素数でどんどん割っていきます。

❷ 約数の個数の求め方
　ある数に約数がいくつあるか求めるには、まずその数を素因素分解します。例えば **例4** に出てきた24を素因数分解すると、**$24 = 2^3 × 3$**と表すことができます。

　次に、指数ごとに「1」を加え、その加えた数を掛け合わせます。つまり、**（指数＋1）×（指数＋1）×…**のようになります。そして、その計算結果が約数の個数となります。

68

板書2 約数の個数の求め方

$24 = 2^3 \times 3^1$ $\qquad$ $3 = 3^1$

約数の個数は、$(3+1) \times (1+1) = 4 \times 2 = 8$ ［個］

```
2 ) 24
2 ) 12
3 )  6
     3
```

$2 \times 2 \times 2 \times 3$

Section 2 剰 余

こんなことを学習します

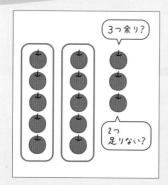

ここでは剰余について学習します。剰余の問題は公倍数の問題と捉えておくとよいでしょう。ですから、Section1の内容をしっかりとふまえておく必要があります。さらに「余り」の特徴に着目することで、問題をパターン化することができます。

1 剰 余

1 剰余とは

割り算の「余り」に着目した問題です。例えば、「7を3で割ると…」と問われれば、実際に割り算することで商が2で余りが1であるとすぐに判断できます。

しかし、「3で割ると1余る2桁の自然数は何個あるか」のように、余りのほうから問われるのが「剰余」の問題の定番です。このため、余りに着目することが大切になります。

試験問題では、「4で割ると2余り、かつ、6で割ると2余る2桁の自然数は何個あるか」のように、2つ以上の数で割ったときの情報が与えられることが多いです。

2 割り算の表し方

　割り算の式をそのまま扱っていくのは面倒なので、基本的には**かけ算の式**に言い換えて扱うのがベストです。例えば、6÷4＝1…2のままだと扱いにくいので、**6＝4×1＋2**のようなかけ算の形にします。

2 剰余の問題の解き方

　先ほど述べたとおり、かけ算の式に言い換えて扱うのがポイントです。ここでは、**余りの特徴を2つ紹介します。**

1 余りが同じ場合

> 例6　3で割ると1余り、5で割ると1余る2桁の自然数はいくつあるか。

　3で割ると1余る数、5で割ると1余る数を実際に書き出してみましょう。1から20まで、3と5で割ってみると、以下のようになります。

板書3　1～20の数を3・5で割ったときの余り

3で割ってみると…		5で割ってみると…	
1 ÷ 3 = 0…1	11 ÷ 3 = 3…2	1 ÷ 5 = 0…1	11 ÷ 5 = 2… 1
2 ÷ 3 = 0…2	12 ÷ 3 = 4…0	2 ÷ 5 = 0…2	12 ÷ 5 = 2… 2
3 ÷ 3 = 1…0	13 ÷ 3 = 4…1	3 ÷ 5 = 0…3	13 ÷ 5 = 2… 3
4 ÷ 3 = 1…1	14 ÷ 3 = 4…2	4 ÷ 5 = 0…4	14 ÷ 5 = 2… 4
5 ÷ 3 = 1…2	15 ÷ 3 = 5…0	5 ÷ 5 = 1…0	15 ÷ 5 = 3… 0
6 ÷ 3 = 2…0	16 ÷ 3 = 5…1	6 ÷ 5 = 1…1	16 ÷ 5 = 3… 1
7 ÷ 3 = 2…1	17 ÷ 3 = 5…2	7 ÷ 5 = 1…2	17 ÷ 5 = 3… 2
8 ÷ 3 = 2…2	18 ÷ 3 = 6…0	8 ÷ 5 = 1…3	18 ÷ 5 = 3… 3
9 ÷ 3 = 3…0	19 ÷ 3 = 6…1	9 ÷ 5 = 1…4	19 ÷ 5 = 3… 4
10 ÷ 3 = 3…1	20 ÷ 3 = 6…2	10 ÷ 5 = 2…0	20 ÷ 5 = 4… 0

71

3で割って1余るのは、1、4、7、10、13、16、19です。同様に5で割って1余るのは、1、6、11、16です。これらをかけ算で表してみると、以下のようになりますね。

板書4　「3で割って1余る数」、「5で割って1余る数」

$1 \div 3 = 0 \cdots 1$	→	$3 \times 0 + 1 = 1$
$4 \div 3 = 1 \cdots 1$	→	$3 \times 1 + 1 = 4$
$7 \div 3 = 2 \cdots 1$	→	$3 \times 2 + 1 = 7$
$10 \div 3 = 3 \cdots 1$	→	$3 \times 3 + 1 = 10$
$13 \div 3 = 4 \cdots 1$	→	$3 \times 4 + 1 = 13$
$16 \div 3 = 5 \cdots 1$	→	$3 \times 5 + 1 = 16$
$19 \div 3 = 6 \cdots 1$	→	$3 \times 6 + 1 = 19$

$1 \div 5 = 0 \cdots 1$	→	$5 \times 0 + 1 = 1$
$6 \div 5 = 1 \cdots 1$	→	$5 \times 1 + 1 = 6$
$11 \div 5 = 2 \cdots 1$	→	$5 \times 2 + 1 = 11$
$16 \div 5 = 3 \cdots 1$	→	$5 \times 3 + 1 = 16$

3×1、3×2、3×3、…、3×6は、$3 \times$（自然数）なので、**3の倍数**といえます。また、5×1、5×2、5×3は、$5 \times$（自然数）なので、**5の倍数**ということができます。ですから、3で割って1余る数とは、「**3の倍数＋1**」ということができますね。同様に5で割って1余る数とは、「**5の倍数＋1**」ということができますね。

では、「3の倍数＋1」と「5の倍数＋1」をどちらも満たすものを考えましょう。これは先ほど説明した**公倍数**を利用することができます。「3の倍数でも5の倍数でもある数に1を足した」ということは、3と5の公倍数に1を足した数、つまり「**最小公倍数15の倍数＋1**」であるとまとめることができます。

よって、2桁の自然数は以下に挙げるとおり、全部で**6個**です。

$15 \times 1 + 1 = \mathbf{16}$　　　　$15 \times 2 + 1 = \mathbf{31}$

$15 \times 3 + 1 = \mathbf{46}$　　　　$15 \times 4 + 1 = \mathbf{61}$

$15 \times 5 + 1 = \mathbf{76}$　　　　$15 \times 6 + 1 = \mathbf{91}$

2 余りが異なる場合

例7 5で割ると2余り、6で割ると3余る2桁の自然数はいくつあるか。

例6 と同様に、実際に書き出してみるとよいでしょう。

5で割ると2余る数には、$2 \div 5 = 0 \cdots 2$、$7 \div 5 = 1 \cdots 2$、$12 \div 5 = 2 \cdots 2$、$17 \div 5 = 3 \cdots 2$などがあります。**2、7、12、17**、…ですね。かけ算の式にすると$5 \times 0 + 2$、$5 \times 1 + 2$、$5 \times 2 + 2$、$5 \times 3 + 2$なので、「**5の倍数＋2**」ということができます。

6で割ると3余る数には、$3 \div 6 = 0 \cdots 3$、$9 \div 6 = 1 \cdots 3$、$15 \div 6 = 2 \cdots 3$、$21 \div 6 = 3 \cdots 3$などがあります。**3、9、15、21**、…ですね。かけ算の式にすると$6 \times 0 + 3$、$6 \times 1 + 3$、$6 \times 2 + 3$、$6 \times 3 + 3$なので、「**6の倍数＋3**」ということができます。

しかし、余りが異なるので先ほどのようにまとめることができません。この場合は、**不足分で揃える**ということを覚えておくとよいでしょう。つまり、「足りない」と考えて言い換えるのです。

例えば、$7 \div 5 = 1 \cdots 2$は、「**5で割ると2余る**」と見ることができますが、裏を返せば「**5で割り切れるには3足りない**」と見ることもできます。

板書5 「余り」を「不足」に言い換える

ex. 7個のおまんじゅうで5個セットを作る

| 1セット　2個余る | ＝ | 2セット作りたいが　3個足りない |

$5 \times 1 + 2 \quad = \quad 5 \times 2 - 3$

つまり、**$5 \times 1 + 2 = 5 \times 2 - 3$**ですから、「**5の倍数－3**」ということができるのです。

同じように、$9 \div 6 = 1 \cdots 3$ も「6で割ると3余る」と見ることもできますが、裏を返せば「6で割り切れるには3足りない」と見ることもできます。

　つまり、$6 \times 1 + 3 = 6 \times 2 - 3$ ですから、「6の倍数−3」ということができます。

　あとは、先ほどと同様に「5の倍数−3」と「6の倍数−3」を両方満たす数、「5の倍数でも6の倍数でもある数から3を引いた」ということは、5と6の公倍数から3を引いた数、つまり「最小公倍数30の倍数−3」とまとめることができます。

　よって、2桁の自然数は以下に挙げるとおり、全部で3個です。

　$30 \times 1 - 3 = 27$　　　　$30 \times 2 - 3 = 57$

　$30 \times 3 - 3 = 87$

Section 3　数　列

こんなことを学習します

ここでは数列について学習します。一度は聞かれたことがある等差数列、等比数列に加えて、階差数列を含めた3つの数列が基本となります。また、等差数列の和の公式は、絶対に覚えておきましょう。

1　数列の種類

1　数列とは

数列とは数値を順番に並べたものであり、**一定のルールに従って数値が並んでいるもの**を考えるケースが多いです。そして、数値が置かれている場所のことを**項**といい、最初の場所を**初項**、最後の場所を**末項**と呼びます。また、項の数を**項数**といいます。

板書6　**数列**

初項　　　　　　　　　　項　　　　　　　　　　末項
2 , 5 , 8 , 11 , 14 , 17 , 20 , 23 , 26 , 29
項数は10

2 代表的な数列

以下に紹介するのが公務員試験で出題される数列です。

❶ 等差数列

等差数列とは数値の差が等しい、つまり同じ数を足し続けている数列のことです。例えば以下のような数列です。

$$1, \underbrace{\quad}_{+3} 4, \underbrace{\quad}_{+3} 7, \underbrace{\quad}_{+3} 10, 13, 16 \cdots$$

最初の数値が1で、そこから3ずつ増えていく数列になっています。これは「初項1、公差3の等差数列」といいます。「公差」とは等差数列における**数値の差**のことです。

❷ 等比数列

等比数列とは数値の比が等しい、つまり同じ数をかけ続けている数列のことです。例えば以下のような数列です。

$$1, \underbrace{\quad}_{\times 2} 2, \underbrace{\quad}_{\times 2} 4, \underbrace{\quad}_{\times 2} 8, 16, 32 \cdots$$

最初の数値が1で、そこから2ずつかけていく数列になっています。これは「初項1、公比2の等比数列」といいます。「公比」とは等比数列における**数値にかけている数**のことです。

❸ 階差数列

数列の各項の差からなる数列をもとの数列の**階差数列**といいます。

もとの数列よりも階差数列のほうが簡単な規則性を持っている場合に、この階差数列に着目します。

$$1, 2, 6, 13, 23, 36 \cdots \leftarrow もとの数列$$
$$+1 \quad +4 \quad +7 \quad +10 \quad +13 \quad \leftarrow 階差数列$$
$$+3 \quad +3 \quad +3 \quad +3$$

もとの数列の差をとると＋1、＋4、＋7、＋10、＋13…となる階差数列になっています。これは「初項1、公差3の等差数列」になっていますね。

> その他、特殊なものとしてフィボナッチ数列などもありますが、出題頻度は低いです。まずは上記の数列の種類を押さえておきましょう。

2 等差数列

等差数列の出題は多いので、もう少し知識を確認しておきましょう。

1 一般項

等差数列は数値の差が等しい数列ですから、第 n 項である**一般項**を表すことができます。先ほど紹介した等差数列で第 n 項を求めてみましょう。まず、第2項から第6項までを**初項と公差**を使って表してみます。さらに、足された公差の数をかけ算で表してみます。

板書7　初項と公差で表した等差数列

第2項　4 ＝1+3	第2項　1+3×**1**
第3項　7 ＝1+3+3	第3項　1+3×**2**
第4項　10＝1+3+3+3	第4項　1+3×**3**
第5項　13＝1+3+3+3+3	第5項　1+3×**4**
第6項　16＝1+3+3+3+3+3	第6項　1+3×**5**

項の数に対してかけ算の数が1つ少なくなっていることに気づくでしょうか。例えば、第6項では3が5回かけ算されていますね。したがって、一般項である第 n 項では、3を n に対して1つ少なくした $n-1$ 個かければよいことがわかります。つまり、第 n 項の数は**$1+3×(n-1)$**となります。

このことをさらに公式にすると、第 n 項の数＝初項＋公差×$(n-1)$ となります。

2 総　和

公式として知っておいてほしいものをもう1つ紹介しましょう。

> **例8**　　1から10まですべて足すといくつになるか。

1から10まで足すと、$1+2+3+4+5+6+7+8+9+10$ という式になりますが、これは1つずつ増えていくので等差数列ですね。このような等差数列の**総和**は以下のような考え方で求めることができます。

まず、1から10を左から並べ、そのすぐ下に右から並べましょう。

板書8　**1から10までの総和 I**

左から　1　2　3　4　5　6　7　8　9　10

10　9　8　7　6　5　4　3　2　1　　右から

これを縦に足すと、**すべて11**になることがわかりますね。そして、11が10個ありますので、合計は $11 \times 10 = 110$ になります。しかし、このままだと1から10を**2回足してしまっている**ので、2で割りましょう。よって、1から10まですべて足すと、$110 \div 2 = 55$ となります。

板書9 1から10までの総和 Ⅱ

左から　1　2　3　4　5　6　7　8　9　10

+ ） 10　9　8　7　6　5　4　3　2　1　　右から

　　　11　11　11　11　11　11　11　11　11　11　　1～10を
　　　　　　　　　　　　　　　　　　　　　　　　2回足している

　　　　　　　　　　11×10＝110 …110÷2＝55

この一連の流れから、以下のような**公式**を作ることができます。

$$等差数列の総和 ＝ \frac{(初項＋末項)×項数}{2}$$

よって、 **例8** であれば、初項「1」、末項「10」、項数は「10」個なので、

$\frac{(1＋10)×10}{2}＝55$ と求めることができます。

CHAPTER 4　過去問チェック！

問1　Section 1 **2**

504の約数の個数として、正しいのはどれか。

①　12個　　**②**　15個　　**③**　20個　　**④**　24個　　**⑤**　30個

東京都Ⅰ類2009

解説　正解4

公式を使って解ける問題です。

まず、504を**素因数分解**して指数で表記しておきましょう。

$504 = 2 \times 2 \times 2 \times 3 \times 3 \times 7 = 2^3 \times 3^2 \times 7^1$

次に、それぞれの指数に1を足して、掛け合わせましょう。

$(3+1) \times (2+1) \times (1+1) = 4 \times 3 \times 2 = 24$

計算で求めた数が約数の個数ですので、**24個**です。

よって、正解は**④**です。

```
2 )504
2 )252
2 )126
3 ) 63
3 ) 21
     7
```

問2　Section 2 **2**

5で割ると3余り、6で割ると4余り、9で割ると7余る正の整数のうち、3桁の整数の個数として、正しいのはどれか。

①　7個　　**②**　8個　　**③**　9個　　**④**　10個　　**⑤**　11個

東京消防庁Ⅱ類2009

解説　正解4

「5で割ると3余り…」という言い回しから、**剰余**の問題であることはすぐ判断できます。

まず、「5で割ると3余る」、「6で割ると4余る」、「9で割ると7余る」という部分から、**余りが異なるケース**だとわかります。そこで**不足**を考えましょう。「5で割ると3余る」とは「5で割り切れるには2足りない」、「6で割ると4余る」とは「6で割り切れるには2足りない」、「9で割ると7余る」とは「9で割り切れるには2足りない」ということですから、言い換えると「5の倍数−2」、「6の倍数

－2」、「9の倍数－2」となります。

　全てを満たすのは、「5、6、9の公倍数－2」ですから、つまり「最小公倍数**90の倍数－2**」です。

　あとは書き出していきます。3桁の正の整数で最小になる90×2－2＝**178**からですね。90×3－2＝**268**、90×4－2＝**358**、90×5－2＝**448**、90×6－2＝**538**、90×7－2＝**628**、90×8－2＝**718**、90×9－2＝**808**、90×10－2＝**898**、90×11－2＝**988**の**10**個ですので、正解は④です。

　なお、個数が多くなると書き出すのがやや面倒になります。個数の確認方法としては不等式を使うことも可能です。学習が進んだらそちらの解法もマスターするとよいでしょう。

問3　Section 3　②

　1から100までの自然数のうち、偶数の総和はどれか。

① 2,450　　② 2,500　　③ 2,525　　④ 2,550　　⑤ 2,600

特別区Ⅲ類2019

解説　正解4

　足さなければいけないのは、2＋4＋6＋8＋…＋96＋98＋100です。これは初項2、末項100、公差2の等差数列であることがわかります。**等差数列の総和を求める**ので、**公式**を使いましょう。

　公式を使う際に必要なものは、何個並んでいるかの**項数**です。いま、公差は2、末項の数は100ですから、**第n項を求める公式**に当てはめて、項数を求めてみましょう。第n項の数を100とすると、次のようになります。

　　　$100 = 2 + 2 \times (n - 1)$

　これを解くと、$n = 50$となり、100は第50項、つまり、項数は50個となります。

　よって、偶数の総和は$\dfrac{(2 + 100) \times 50}{2} = $**2,550**となるので、正解は④です。

CHAPTER 5

場合の数・確率

「場合の数・確率」は最重要テーマの1
つですが、多くの受験生を悩ませるテー
マでもあります。そもそも考え方を知ら
ないという人もいると思いますので、こ
の機会にぜひマスターしてください。

Section 1

和の法則と積の法則

こんなことを学習します

ここでは、場合の数や確率を考えるのに重要な和の法則と積の法則について学習します。どういうときに「足す」のか、「かける」のか、についての判断基準を確認しましょう。

1　場合の数

1　場合の数とは

　場合の数とは、ある事象（出来事）が起こるパターンが何通りあるか、のことです。例えば、サイコロを1個投げたときの目の出方の場合の数は、以下のように6通りあります。

板書1　「サイコロを1個投げたときの目の出方」の場合の数

目の出方は6通り

1の目　　2の目　　3の目　　4の目　　5の目　　6の目

場合の数は、今後学習する確率の理解の前提にもなりますので、基本知識を確認しておきましょう。最優先で押さえなければいけないのが①和の法則・積の法則、②順列・組合せの公式です。後ほど説明します。

2 数え上げる

　場合の数の基本は、**1つ1つ数える**ことです。このことを「**数え上げる**」といいます。本試験では数え上げることさえできれば解ける問題も出題されます。どういう解き方をすればよいかわからない問題も、**まずは試しに数え上げてみる**ことで突破口が見つかることもあります。

　なお、あり得るパターンを数え上げるときに、思いつくままに行ってしまうと、大半は間違ってしまいます。ですから、辞書と同じようにルールを決めて「**左から順番に数え上げる**」ようにしましょう。

　例えば、A、B、Cの3人を横一列に並べると、並べ方は全部で6通りあります。Aさんから順番に左端から書き出していくとよいでしょう。その際によく使われるのが樹形図です。右のように枝分かれした図を使って、順番を意識しながら数え上げます。

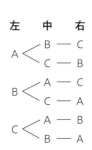

2 和の法則と積の法則

　場合の数においては、「何通りあるか」をカウントしていくことになります。が、単純な問題ばかりではありません。「サイコロを2個振ったとき」とか、「3人がじゃんけんを5回繰り返したとき」のように、さまざまな場合の数が出てきます。これらをまとめる計算で使うのが、**和の法則・積の法則**です。

板書2　和の法則・積の法則

和の法則	複数の事象が**同じ場面で起こらない**とき、場合の数を**足す**こと …「**または**」で言い換えられる
積の法則	複数の事象が**同じ場面で起こる**とき、場合の数を**かける**こと …「**さらに**」、「**かつ**」で言い換えられる

　具体的に、以下の例で考えてみましょう。

例1　あるイタリアンのお店はメインメニューで「パスタ」、「ピザ」、「ドリア」の3種類、サイドメニューで「パン」、「スープ」、「サラダ」の3種類、全6種類のメニューを提供している。

(1)　メインメニューかサイドメニューから1品だけ注文する場合、注文の仕方は何通りあるか。

(2)　メインメニューとサイドメニューから1品ずつ注文する場合、注文の仕方は何通りあるか。

　メインメニューは3種類あるので、注文の仕方は3通りあります。同様にサイドメニューも3種類あるので、注文の仕方は3通りあります。

(1) メインメニュー「**または**」サイドメニューからどれか1品だけ注文する
のであれば、同じ場面で複数の料理を注文できませんね。この場合、注文
の仕方は3＋3＝6［通り］です。これが**和の法則**です。

(2) メインメニュー「**さらに**」サイドメニューも注文するので、同じ場面で
メインメニューの料理もサイドメニューの料理も注文できますね。この場
合、注文の仕方は3×3＝9［通り］です。これが**積の法則**です。

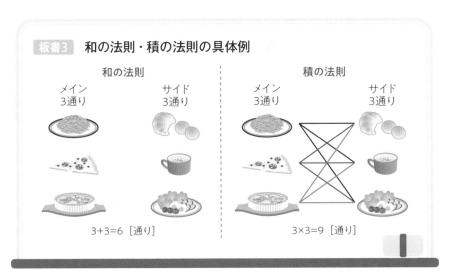

板書3　和の法則・積の法則の具体例

和の法則

メイン
3通り　　　　サイド
3通り

3＋3＝6［通り］

積の法則

メイン
3通り　　　　サイド
3通り

3×3＝9［通り］

この理解を前提に、のちに紹介する公式が出てきます。また、**確率でも同
様の計算**をしますので、和の法則・積の法則の考え方は必ず覚えておきまし
ょう。

Section 2 順列と組合せ

こんなことを学習します

場合の数の概念がわかったところで、具体的な場合の数である順列と組合せについて学習していきます。これらは、公式も含めて紹介していきます。

---

1 順 列

1 順列とは

　異なるものからいくつか選んで、それを一列に並べることを順列といいます。ここで「並べる」とは文字どおり、選んできたものを、順番をつけて並べることです。このように、「選ぶ」と「順番をつける」の2つの作業が必要になります。では、具体的に、以下の例で考えてみましょう。

> 一部同じものを含んでいるものを並べたり、一列でなく円形に並べたりする問題もあります。別の機会に学習しましょう。

> 例2　1〜5の5個の数字の中から異なる3個を選んで3桁の整数を作るとき、整数は何通りできるか。

もちろん Section1 で紹介した樹形図で数え上げることもできますが、数が多いので時間がかかりそうです。そこで、**積の法則を使った考え方**を紹介しましょう。

　3桁の整数を作るので、右のように百の位、十の位、一の位と、数字を並べる場所を用意します。そして、場所ごとに数字の並べ方が何通りあるかを考えてみましょう。

百の位　　十の位　　一の位
□　　　　□　　　　□

　例えば百の位から考えてみます。百の位には 1 〜 5 のどれでも並べることができますから、並べ方は **5通り** です。

　次に、十の位に並べる数字は百の位に並べた数字以外ですから、並べ方は **4通り** です。例えば、百の位に「1」を並べたのであれば、十の位には「1」以外の2、3、4、5の数字を並べることができます。

　最後に、一の位に並べる数字は同様にして百の位・十の位に並べた数字以外ですから、並べ方は **3通り** です。

　あとは、これらをまとめましょう。「百の位」、さらに「十の位」、さらに「一の位」に数字を並べることで3桁になります。つまり、**積の法則**でまとめればよいので、**5×4×3＝60［通り］** となります。

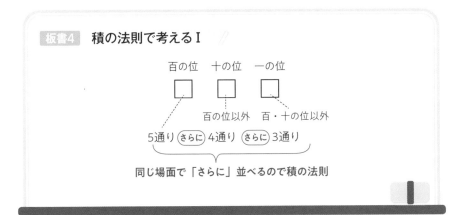

板書4　積の法則で考えるⅠ

百の位　　十の位　　一の位
□　　　　□　　　　□
　　　　百の位以外　百・十の位以外
5通り（さらに）4通り（さらに）3通り

同じ場面で「さらに」並べるので積の法則

2 順列の公式

先ほどの流れを公式にすると、「異なる n 個から r 個選んで一列に並べるときの並べ方の数」は次のようになります。

$$_nP_r = n \times (n-1) \times (n-2) \times \cdots \times (n-r+1)$$

文字で覚えると大変なので、具体例で覚えましょう。先ほど登場した「異なる5個から3個選んで並べるときの並べ方」は、以下のように計算します。

板書5 **順列の公式の計算**

$$_⑤P_③ = 5 \times 4 \times 3 = 60 [通り]$$

3つかける
5からカウントダウンして

「5からカウントダウンして3個かける」と覚えるとよいでしょう。

また、すべて選んで並べる場合、例えば「異なる5個から5個全部選んで一列に並べるときの並べ方」は、$_5P_5 = 5 \times 4 \times 3 \times 2 \times 1$ ですが、5！（5の階乗）という表し方もあるので、こちらのほうを使いましょう。

なお、順列の公式は「積の法則を公式化したもの」ですから、積の法則を使えれば、並べ方の公式は無理をして覚えなくても構いません。特に、並べ方に条件が付くと単純に公式だけでは解けませんので注意してください。

> **例3** 　0〜4の5個の数字の中から異なる3個を選んで3桁の整数を作る
> とき、整数は何通りできるか。

　先ほどの **例2** と同じように見えますが、答えは60通りではありません。
なぜなら、0から始まる3桁の整数はありませんから、「0」を百の位に並
べることができないという条件が付けられているのです。公式をそのまま使
うことはできない場合は、丁寧に積の法則で確認するようにしましょう。

　まず、条件が付けられている百の位を確認します。百の位には1〜4のど
れでも並べることができますから、並べ方は**4通り**です。

　次に、十の位に並べる数字は百の位に並べた数字以外ですが、**0は並べる
ことができます**から、並べ方は3＋1＝**4［通り］**です。

　最後に、一の位に並べる数字は百の位・十の位に並べた数字以外ですから、
並べ方は**3通り**です。

　あとは、これらを積の法則でまとめて**4×4×3＝48［通り]**となります。

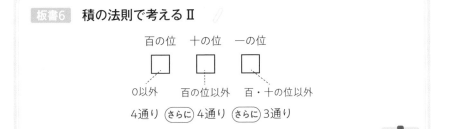

板書6 　**積の法則で考える II**

91

2 組合せ

1 組合せとは

異なるものからいくつかを選んだときの組を組合せといいます。ここで「選ぶ」とは文字どおり、選んできたものを、**順番をつけずに選んだままにしておくこと**です。こちらは、「選ぶ」作業しかありません。では、具体的に、以下の例で考えてみましょう。

> **例4**　1〜5の5個の数字の中から異なる3個を選ぶとき、選び方は何通りあるか。

小さい数字から順番に数え上げると (1, 2, 3)、(1, 2, 4)、(1, 2, 5)、(1, 3, 4)、(1, 3, 5)、(1, 4, 5)、(2, 3, 4)、(2, 3, 5)、(2, 4, 5)、(3, 4, 5) の10通りです。樹形図で書き出してもよいでしょう。

しかし、もっと数字が多くなると、これもかなり時間がかかりそうです。そこで、選び方の公式を覚えておきましょう。

2 組合せの公式

「**異なる n 個から r 個選ぶときの選び方の数**」は、以下の公式で表されます。

$$_n\mathrm{C}_r = \frac{n \times (n-1) \times (n-2) \times \cdots \times (n-r+1)}{r \times (r-1) \times (r-2) \times \cdots \times 2 \times 1}$$

こちらも文字で覚えるのは大変なので、具体例で覚えましょう。先ほど登場した「異なる5個から3個選ぶときの選び方」は、以下のように計算します。

板書7 **組合せの公式の計算**

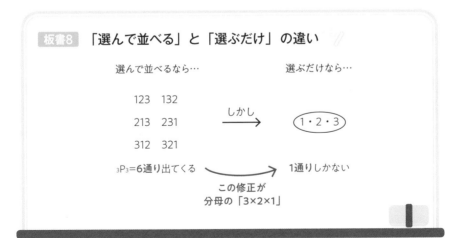

₅P₃と同じ

$$_5C_3 = \frac{5 \times 4 \times 3}{3 \times 2 \times 1} = 10 \, [通り]$$

3から
カウントダウンして
1までかける

分子は₅P₃と同じですが、分母は「3からカウントダウンして1までかける」と覚えておきましょう。

　この公式は「順列の公式を修正したもの」というイメージで理解しておくとよいでしょう。例えば、1、2、3を「選んで並べる」のであれば、以下のように6通りあるのですが、「選ぶ」だけであれば1通りしかありません。このように、並べ方だと6通り出てきてしまうものを1通りに修正するので、6で割る必要があるのです。

板書8 **「選んで並べる」と「選ぶだけ」の違い**

選んで並べるなら…　　　　　　　　選ぶだけなら…

123　132

213　231　　しかし→　　（1・2・3）

312　321

₃P₃＝6通り出てくる　　　　　　　1通りしかない

この修正が
分母の「3×2×1」

このように「重複するものが出てきたら割る」という考え方は、同じものを含む並べ方や、円形に並べるときの並べ方など、今後学習する応用テーマで登場するので気をつけてください。

　例えば、「100人から99人を選ぶ」ときの99人の選び方を考えてみましょう。公式を使うと、${}_{100}C_{99} = \dfrac{100 \times 99 \times \cdots \times 3 \times 2}{99 \times 98 \times \cdots \times 2 \times 1} = \textbf{100[通り]}$ となります。しかし、この計算は意外と面倒ですね。そこで、「選ばれない1人はだれ？」と考えてみると、その人は ${}_{100}C_{1} = \dfrac{100}{1} = \textbf{100[通り]}$ いることがわかります。この計算は楽です！

　この2つの計算結果が同じということは、${}_{100}C_{99} = {}_{100}C_{1}$ ですから、選ぶ人の選び方の数は、選ばない人の選び方の数と同じになるのです。公式にすると、$_nC_r = {}_nC_{n-r}$ となり、過半数以上を選ぶときに使うと計算が楽になります。

3 該当しない場合の数

　まず、以下の例を考えてみましょう。

> 例5　あるサークルに所属する男子5人と女子5人の合計10人から4人の代表を選ぶとき、少なくとも男女が1人ずつ含まれるような選び方は何通りあるか。

　少なくとも男女が1人ずつ含まれるような4人の選び方は、性別の内訳を考慮して、（男子1人、女子3人）、（男子2人、女子2人）、（男子3人、女子1人）の3通りあります。これを1つひとつ計算していくのは手間ですね。そういうときは、**該当しない選び方**を考えてみましょう。

　つまり、全体の選び方から該当しない選び方を引くことで、該当する選び方を求めることができるのです。一般的には、以下のようにいうことができます。

では、例題に戻ります。まず、全体の選び方を求めてみると、全体の10人から4人の代表者を選べばよいので、選び方は $_{10}C_4 = \dfrac{10 \times 9 \times 8 \times 7}{4 \times 3 \times 2 \times 1} = 210$［通り］です。

次に該当しない選び方、つまり、「少なくとも男女が1人ずつ含まれないような選び方」ですから、（男子4人）の選び方と（女子4人）の選び方になります。それぞれを求めてみると、男子4人は男子5人から選べばよいですから $_5C_4 = {}_5C_1 = 5$［通り］、女子4人は女子5人から選べばよいですから $_5C_4 = {}_5C_1 = 5$［通り］です。

よって、該当する選び方である「少なくとも男女が1人ずつ含まれるような選び方」は $210 - 5 - 5 = \mathbf{200}$[通り]です。

このように、直接検討するのが大変そうなときに、「それ以外の部分から検討できないか」考えるクセをつけるとよいでしょう。

Section 3 確　率

ここでは確率について学習します。出題されるときは、コイントス、サイコロ振り、袋からモノを取り出すといった設定がほとんどです。この3種類の確率の求め方を基本として学習を進めていくとよいでしょう。

1 確　率

1 確率とは

　確率とは、**ある事象（出来事）が起こる可能性・割合**のことです。確率は分数や小数、百分率などを使って表され、最大でも100％（＝1）なので、0から1の間に収まります。

　確率は「$\dfrac{\text{該当する場合の数}}{\text{すべての場合の数}}$」の形で表されます。例えば、サイコロを1個投げたときに3の目が出る確率は$\dfrac{1}{6}$です。サイコロを1個投げたときの目の出方は1から6まで6通りあります。また、3の目は1面しかありませんから1通りですね。

確率の問題が出てきたら、まずはこの分数を作ることを覚えておきましょう。分母と分子には「場合の数」が入りますから、場合の数の理解がないと確率を求めることができないのですね。

2 和の法則・積の法則

場合の数で取り上げた「和の法則・積の法則」は確率の計算においても同じように考えることができます。

> **例6** 大小2個のサイコロを振るとき、2個のサイコロどちらも6の目が出る確率はいくらか。

サイコロを1個投げて6の目が出る確率は、先ほどのとおり $\frac{1}{6}$ です。これは大小どちらのサイコロも同じです。そして、大きいサイコロが6の目、「さらに」小さいサイコロも6の目が出ますから、**同じ場面で起こること**です。したがって、**積の法則**より $\frac{1}{6} \times \frac{1}{6} = \frac{1}{36}$ となります。

3 区別のつかないものでも、区別をつけて考える

以下の例を考えてみましょう。

> **例7** 全部で100本のくじの中に、1本だけ当たりくじが入っている。このくじを1本引くとき、当たりくじが出る確率はいくらか。

おそらく多くの方が $\frac{1}{100}$ と答えるでしょうし、それが正解です。しかし、Section2で学習したとおりに考えると「くじを引いたら当たりかはずれしか出ないのだから、すべての場合の数は2通りで、確率は $\frac{1}{2}$ だ!」と答える人もいるかもしれません。

でも、これは間違いです。確率が $\frac{1}{2}$ ということは、当たる確率とはずれる確率が等しいということですが、実際には100本中1本しか当たりくじは

ありませんから、何度引いてもほとんどはずれくじですね。はずれる確率の
ほうが圧倒的に高いのは感覚的にわかります。

　このような間違いを起こさないためには、すべてのくじを区別してそれぞ
れの引き方ごとに確率を考えるとよいのです。そうすると、当たりであろう
とはずれであろうとくじ1本を引く確率は $\frac{1}{100}$ と等確率となります。つま
り、くじの引き方は全部で100通りあり、そのうち当たりくじの引き方は1
通りであるので、確率は $\frac{1}{100}$ となるのです。

　このように、確率を考える場合は、区別のつかないものであっても、区別
をつけて考えるということを忘れないようにしましょう。

2　確率の問題の解き方

　例えば、2枚のコインを投げる場合、「同時に2枚投げる」ケースと「1
枚ずつ2回に分けて投げる」ケースがあります。このような投げ方において
確率を考える場合、計算方法は異なりますが、結果として求められる確率の
値は全く同じになります。では、1つひとつ紹介していきます。

> 例8　3枚のコインを投げて、表が2枚、裏が1枚出る確率はいくらか。

1　「同時に」

　2枚のコインを同時に投げる、2個のサイコロを同時に振る、2個の赤玉
を同時に取り出す、といった具合に捉えて確率を求める場合、分母と分子の
場合の数をそれぞれ求めて、分数の形にすると、求める確率になります。

$$\frac{\text{分子}}{\text{分母}} \quad \begin{array}{l} \cdots 該当する場合の数 \\ \cdots 全ての場合の数 \end{array}$$

　例8 を「同時に」起こったものと捉えて計算するには、3枚のコインを
投げて、表裏の出てくる「全ての場合の数」を計算します。これが分母の場

合の数ですね。1枚ごとに表裏の2通りずつの出方があるので、すべての場合の数は、積の法則により2×2×2 = **8** [通り]です。「3枚のコイン」としか書かれていませんが、別々の3枚のコインですから、ちゃんと区別して表と裏の2通りずつをカウントしてくださいね。

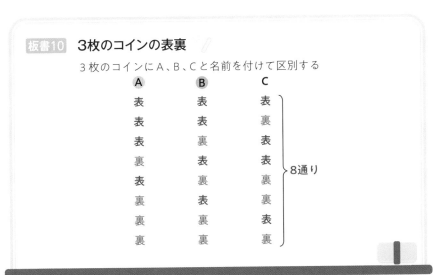

板書10 **3枚のコインの表裏**

3枚のコインにA、B、Cと名前を付けて区別する

A	B	C	
表	表	表	
表	表	裏	
表	裏	表	
裏	表	表	
表	裏	裏	8通り
裏	表	裏	
裏	裏	表	
裏	裏	裏	

続いて、表が2枚、裏が1枚出てくる「**該当する場合の数**」を計算します。これが**分子**の場合の数ですね。3枚のうち、表が2枚出るのは「3枚から表が出る2枚を選ぶ」場合ですから、$_3C_2 = $ **3** [通り]です。

よって、「$\dfrac{該当する場合の数}{すべての場合の数}$」にあてはめて、確率は $\dfrac{3}{8}$ です。

2 「1つずつ」

2枚のコインを1枚ずつ2回投げる、2個のサイコロを1個ずつ2回振る、2個の赤玉を1個ずつ2回に分けて取り出す、といった具合に捉えて確率を求める場合、手順があります。

①回ごとの確率をそれぞれ求めます。②起こり得るすべての場合の数を求めます。③それらを**すべてかけ算**（積の法則）すると求める確率になります。

①(一例の確率)×②(起こり得るすべての場合の数)
↑
③かけ算(積の法則)

例8 を「1つずつ」起こったものと捉えて計算するには、順番をつけて「1枚目」、「2枚目」、「3枚目」として回ごとの確率を求めます。

例えば、❶1枚目・2枚目に表、3枚目に裏が出たとして計算すると、以下のとおり $\frac{1}{8}$ です。1枚目に表が出て、「さらに」2枚目に表が出て、「さらに」3枚目に裏が出たので、やはり積の法則です。

1枚目　2枚目　3枚目

表　　　表　　　裏

$$\frac{1}{2} \times \frac{1}{2} \times \frac{1}{2} = \frac{1}{8}$$

しかし、実際には表裏の出るタイミングは決まっていないので、他にもありますね。❷1枚目・3枚目に表、2枚目に裏が出たパターンや、❸2枚目・3枚目に表、1枚目に裏が出たパターンも異なる事実として考えられます。ということは、全部で3通りあるので、以下のようになります。

1枚目　2枚目　3枚目

❶　　表　　　表　　　裏

$$\frac{1}{2} \times \frac{1}{2} \times \frac{1}{2} = \frac{1}{8}$$

❷　　表　　　裏　　　表

$$\frac{1}{2} \times \frac{1}{2} \times \frac{1}{2} = \frac{1}{8}$$

❸　　裏　　　表　　　表

$$\frac{1}{2} \times \frac{1}{2} \times \frac{1}{2} = \frac{1}{8}$$

全部で3通り
あるので

$$\frac{1}{8} \times 3 = \frac{3}{8}$$

正解は $\dfrac{1}{8} \times 3 = \dfrac{3}{8}$ です。なお、❶、❷、❸は同じ場面では起こりません

から、本来であれば和の法則により、$\dfrac{1}{8} + \dfrac{1}{8} + \dfrac{1}{8} = \dfrac{3}{8}$ という計算になり

ます。しかし、「表が2枚、裏が1枚出る」という状況としては同じ $\dfrac{1}{8}$ なの

で、**最後に「起こり得るすべての場合の数」をかけ算して求めることができ**

るのです。つまり、出る順番が変わっても確率は変わらないのです。

　ここまでの説明を、先ほど 板書11 で示した考え方に照らして整理しておき

ましょう。

板書12 　「1つずつ」計算するⅡ

　①　一例の確率

　　⇒3枚のコインを投げたとき、表2枚・裏1枚になる確率 $\dfrac{1}{8}$

　②　起こり得るすべての場合の数

　　⇒「表・表・裏」、「表・裏・表」、「裏・表・表」の3通り

　　　①×② $= \dfrac{1}{8} \times 3 = \dfrac{3}{8}$

以上のように、大きく計算の流れが変わります。原則としてどちらも
使えるようにしておきましょう。汎用性が高いのは「1つずつ」の計
算だと思います。この計算方法は基本的にどんな状況でも使うことが
できるからです。逆に、「同時に」の計算は順番を考えるような問題
では使えないので、くれぐれも注意してください。

問1　Section 1 **2**・Section 2 **1**

　0、1、2、3、4の5つの数字のうち、相異なる数字を用いてできる3桁の偶数の個数として、最も妥当なのはどれか。

❶　30個　　　❷　42個　　　❸　48個　　　❹　56個　　　❺　60個

東京消防庁Ⅱ類2016

解説　正解 1

　異なる数字を**選んで並べて**3桁の偶数を作るので、**順列**の問題です。そして、偶数になるということは、①**一の位が0、2、4のどれかにならなければいけない**という条件が付きます。しかも、②**百の位に0は並べることができない**条件も付いています。

　条件設定が複雑なので、公式そのままで解き進めるのは厳しそうです。そこで、**積の法則**を使って考えてみましょう。

　まず、条件を整理します。もし一の位に0を並べれば、百の位に0を並べることはあり得ません。もし一の位に2や4を並べれば、まだ0が残っていますから、百の位に0が並ぶ可能性が出てしまいます。つまり、一の位に0を並べるのか、2や4を並べるのかによって状況が変わるのです。そこで、 ⅰ）**一の位に0を並べる場合**と、ⅱ）**一の位に2や4を並べる場合**で仮定して場合分けをするとよいでしょう。

ⅰ）一の位が0の場合

　まず一の位は0なので1通り、続いて百の位は1～4のすべてを並べることができるので4通り、最後に十の位は百の位に並べた数字以外なので3通です。したがって、場合の数は1×4×3＝12 ［通り］です。

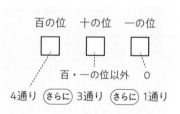

百の位	十の位	一の位
□	□	□

百・一の位以外　　　　　0
4通り （さらに） 3通り （さらに） 1通り

ⅱ）一の位が2、4の場合

　まず一の位は2か4なので2通り、続いて百の位は一の位に並べた数字以外です

が、０も並べることができないので３通
り、最後に十の位は百の位と一の位に並べ
た数字以外なので３通りです。したがっ
て、場合の数は2×3×3＝18［通り］です。
　以上をまとめます。**一の位が０の場合、
または２や４の場合なので、同じ場面では
起こりません。**したがって、**和の法則**より
12＋18＝**30**［通り］ですので、正解は❶です。

問2　Section 1 **2**・Section 2 **2**

　上着３着（黒・茶・白）、シャツ４枚（黒・茶・白・青）、ズボン２枚（黒・茶）がある。こ
れら三種類の衣類を着回しし、三種類のうち二種類以上が同じ色になるようにする
組合せは何通りあるか。

❶　12通り　　　❷　14通り　　　❸　15通り　　　❹　16通り　　　❺　18通り

国家一般職高卒2008

解説　正解4

　組合せの問題です。「三種類のうち二種類**以上**が同じ色」という条件が付いてい
ますから、単純に公式は使えません。そこで、この条件は「**三種類が同じ色**」と
「**二種類が同じ色**」の２つのケースがありますから、場合分けしてそれぞれのケー
スを数え上げていきましょう。ズボンは２色しかないので、ズボンの色で場合分け
するとよいでしょう。

ⅰ）三種類が同じ色の場合

　以下のように２通りあります。

103

ⅱ）二種類が同じ色の場合

　これは、二種類を（ズボンと上着）、（ズボンとシャツ）、（上着とシャツ）と分けて考えるとよいでしょう。そうすると、以下のように、6＋4＋4＝14［通り］あります。

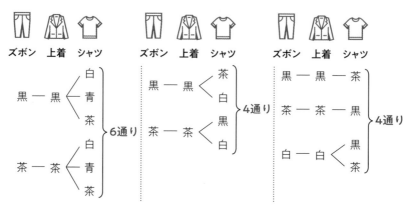

　以上より、ⅰ）またはⅱ）であるため、和の法則より2＋14＝**16［通り］**ありますから、正解は❹です。

　<u>該当しない組合せ</u>を考えてみます。「三種類のうち二種類以上が同じ色になる」に該当しないのは「<u>三種類ともすべてバラバラの色になる</u>」です。この組合せの数については、右のように樹形図で丁寧に数え上げれば、8通りとなります。ズボンは2色しかないので、ズボンから考えるとよいでしょう。

　よって、該当する組合せの数、つまり、三種類のうち二種類以上が同じになる組合せの数は、24−8＝**16［通り］**です。

問3 Section 3 ❷

白組の生徒10人、赤組の生徒9人及び青組の生徒8人の中から、くじ引きで3人の生徒を選ぶとき、白組、赤組及び青組の生徒が一人ずつ選ばれる確率として、正しいのはどれか。

❶ $\dfrac{1}{720}$　　❷ $\dfrac{80}{2187}$　　❸ $\dfrac{8}{195}$　　❹ $\dfrac{16}{65}$　　❺ $\dfrac{121}{360}$

東京都Ⅰ類2022

解説　正解4

選ぶ確率の問題です。問題文では3人の生徒の選び方については言及していませんので、2種類の解き方に沿って説明しておきましょう。

〈1人ずつ3回に分けて選ぶ〉

まずは「1人目」、「2人目」、「3人目」として回ごとの確率を求めます。例えば、「1人目に白組の生徒が選ばれ、さらに2人目に赤組の生徒が選ばれ、さらに3人目に青組の生徒が選ばれる確率」で考えてみましょう。

まず1人目は、全体で27人の中から白組の10人の誰かが選ばれるので、その確率は $\dfrac{10}{27}$ となります。次に2人目は、**すでに1人目が選ばれている**ので、残る26人の中から赤組の9人の誰かが選ばれるので、その確率は $\dfrac{9}{26}$ となります。最後に3人目は、**すでに1人目と2人目が選ばれている**ので、残る25人の中から青組の8人の誰かが選ばれるので、その確率は $\dfrac{8}{25}$ となります。

ですから、「1人目に白組の生徒が選ばれ、さらに2人目に赤組の生徒が選ばれ、さらに3人目に青組の生徒が選ばれる確率」であれば $\dfrac{10}{27} \times \dfrac{9}{26} \times \dfrac{8}{25}$ が正解です。

1人目　2人目　3人目

白　　　赤　　　青

$\dfrac{10}{27}$ × $\dfrac{9}{26}$ × $\dfrac{8}{25}$

しかし、**他の順番で選ばれる可能性もあります**ね。「1人目に青組、2人目に赤組、3人目に白組」かもしれませんし、「1人目に赤組、2人目に白組、3人目に青組」かもしれません。このような**他の順番を含めて全部で何通りあるか**も確認してください。

白組、赤組、青組の3組を1人目、2人目、3人目に並べるのは、「3つの組から3つを選んで並べる」ことになりますから、順列で計算ができます。3！＝3×2×1＝**6［通り］**あることになりますね。したがって、「白組、赤組及び青組の生徒が一人ずつ選ばれる」のは6通りあることになるので、**最後に「×6」をしましょう**。

$$1人目 \quad 2人目 \quad 3人目$$
$$白 \qquad 赤 \qquad 青$$
$$\frac{10}{27} \times \frac{9}{26} \times \frac{8}{25} \boxed{\times 6}$$

すべての起こり方は…3！＝6［通り］

よって、$\dfrac{10}{27} \times \dfrac{9}{26} \times \dfrac{8}{25} \times 6 = \dfrac{\mathbf{16}}{\mathbf{65}}$ となるので、❹が正解です。

〈3人同時に選ぶ〉

合計で生徒は10＋9＋8＝27［人］おり、そこから3人を選ぶのが「全ての場合の数」になります。$_{27}C_3 = \dfrac{27 \times 26 \times 25}{3 \times 2 \times 1} = 9 \times 13 \times 25$ ［通り］です。計算が面倒なので、後で確率の分数の形にしたときに約分できることを想定して、そのままにしておきましょう。

続いて、「該当する場合の数」は、「白組、赤組及び青組の生徒が一人ずつ選ばれる」パターンです。白組の生徒10人から1人、「さらに」赤組の生徒9人から1人、「さらに」青組の生徒8人から1人を同じ場面で選ぶことになるので積の法則で計算します。$_{10}C_1 \times _9C_1 \times _8C_1 = \dfrac{10}{1} \times \dfrac{9}{1} \times \dfrac{8}{1} = 10 \times 9 \times 8$ ［通り］です。

よって、「白組、赤組及び青組の生徒が一人ずつ選ばれる確率」は、$\dfrac{10 \times 9 \times 8}{9 \times 13 \times 25} = \dfrac{\mathbf{16}}{\mathbf{65}}$ となるので、❹が正解です。

CHAPTER 6

図形の計量

「図形の計量」は、公式と定理が最も多く登場する分野です。まずは、この公式と定理を正確に覚えてください。そのあとで、「どういった問題に、どの公式・定理が使えるか」を意識して練習していきましょう。

Section 1

多角形

こんなことを学習します

ここでは多角形について学習します。特に、三角形が絡む問題が多く出題されていますので、三角形にまつわる公式や定理を確認しておきましょう。また、「直角三角形＝三平方の定理」といった具合に、図形と公式・定理を紐づけすることも意識しましょう。

　多角形の原則は三角形ですので、注意書きがない限り、三角形を前提に説明していきます。

1　内角と外角

　内角とは多角形の内側の角度、**外角**とは外側の角度（一辺を延長させたときにできる角度）です。

　内角と外角の角度の和は180°です。また、**三角形の内角の和は180°**であることも復習しておきましょう。したがって、**外角の角度は隣り合わない内角2つの角度の和と等しい**ことになります。

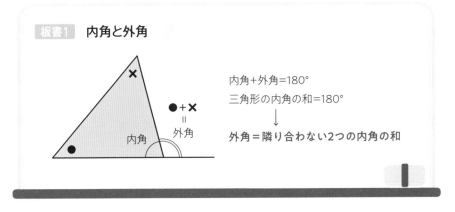

また、多角形の内角の和の公式も覚えておきましょう。

$$n角形の内角の和＝180×(n-2)\ [°]$$

これは多角形を三角形に分割することでわかります。
例えば右のように五角形を三角形に分割すると、三角
形が3つになります。すると、五角形の内角の和は三
角形の内角の和3つ分なので、$180×3＝540\ [°]$ と
なりますが、この「3」は「5-2」に由来しており、先ほどの公式どおり
であることが確認できますね。

2 二等辺三角形

三角形は多角形の代表格ですが、特徴的な三角形として二等辺三角形を紹
介します。基本の性質を確認しておきましょう。

三辺のうち二辺の長さが等しい三角形を二等辺三角形といいます。二等辺
三角形は**底角の角度が等しい**こと、さらに**頂角から垂直に直線を下ろすと、
底辺の中点でぶつかる**という性質を持ちます。つまり、**高さ**と**中線**（頂点と
中点を結んだ直線）が一致します。さらに**角の二等分線**（内角を二等分する直線）
とも一致します。

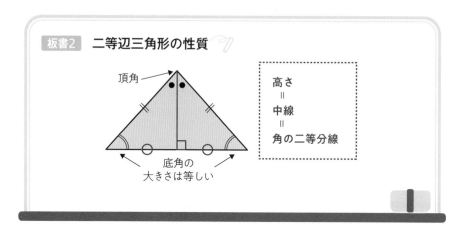

板書2 二等辺三角形の性質

頂角

底角の
大きさは等しい

高さ
＝
中線
＝
角の二等分線

3 角の二等分線と辺の比

角の二等分線と辺の比の関係も覚えておきましょう。

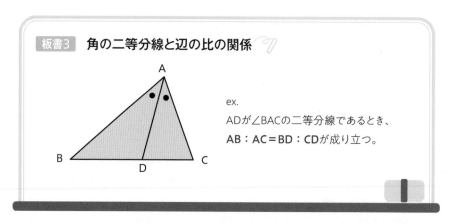

板書3 角の二等分線と辺の比の関係

ex.
ADが∠BACの二等分線であるとき、
AB：AC＝BD：CDが成り立つ。

4 三平方の定理

　直角三角形において、直角と向かい合う斜辺の長さを２乗すると、残る２辺の長さの２乗の和と等しくなる性質を<ruby>三平方<rt>さんへいほう</rt></ruby>の定理といいます。図形の中でも特に重要な知識の１つです。

　さらに、直角三角形における代表的な辺の比も確認しておきましょう。内角が**30°**、**60°**、**90°**の場合は$1:2:\sqrt{3}$、内角が**45°**、**45°**、**90°**（直角二等辺三角形）の場合は$1:1:\sqrt{2}$となります。このあたりは必須事項ですから、忘れていたら必ず思い出してくださいね。

板書4　三平方の定理

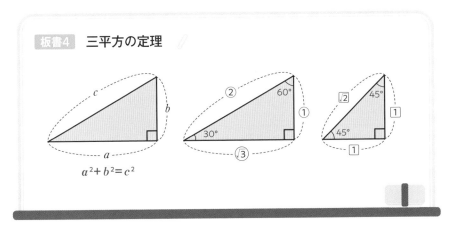

$a^2 + b^2 = c^2$

　平方根とは「２乗するとその数になる数」のことをいいます。例えば４の平方根は「２乗すると４になる数」ですので、±2です。しかし、例えば５の平方根は「２乗すると５になる数」ですが、±2.236…となってしまって小数では正確に表せません。このときは、「２乗するとその数になる数」であることを表すためにルートを使います。５の平方根は$\pm\sqrt{5}$と表せます。なお、４の平方根は$\pm\sqrt{4}$でもありますが、ルートの中が何かの２乗になっているときは外しましょう。$4 = (\pm 2)^2$ですから、外して±2と表します。
　ルートの計算は、ルートどうしでは掛け算、割り算ができますが、文字のような扱いです。詳細はのちの例題で紹介します。

5 四角形の性質

　さまざまな四角形の性質も確認しておきましょう。直接問われるというよりは、理解を前提に解いていくことが多いですね。問題を解きながら、知らない知識があったらその都度確認するのがよいでしょう。

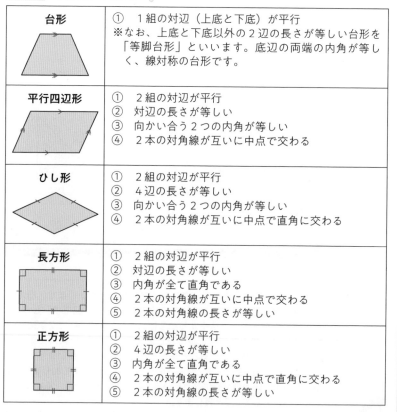

板書5	四角形の性質
台形	①　1組の対辺（上底と下底）が平行 ※なお、上底と下底以外の2辺の長さが等しい台形を「等脚台形」といいます。底辺の両端の内角が等しく、線対称の台形です。
平行四辺形	①　2組の対辺が平行 ②　対辺の長さが等しい ③　向かい合う2つの内角が等しい ④　2本の対角線が互いに中点で交わる
ひし形	①　2組の対辺が平行 ②　4辺の長さが等しい ③　向かい合う2つの内角が等しい ④　2本の対角線が互いに中点で直角に交わる
長方形	①　2組の対辺が平行 ②　対辺の長さが等しい ③　内角が全て直角である ④　2本の対角線が互いに中点で交わる ⑤　2本の対角線の長さが等しい
正方形	①　2組の対辺が平行 ②　4辺の長さが等しい ③　内角が全て直角である ④　2本の対角線が互いに中点で直角に交わる ⑤　2本の対角線の長さが等しい

第2編で学習する「ベン図」を使って整理すると、各四角形の関係は右のとおりです。

6 面 積

多角形の面積を求める公式も復習しておきましょう。数的処理においては最低限で構いません。

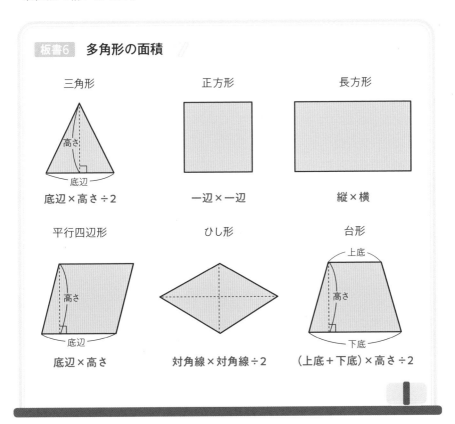

板書6 多角形の面積

三角形

底辺×高さ÷2

正方形

一辺×一辺

長方形

縦×横

平行四辺形

底辺×高さ

ひし形

対角線×対角線÷2

台形

（上底＋下底）×高さ÷2

では、以上をふまえて、具体的に例を見てみましょう。

例1 右の三角形ABCは二等辺三角形である。このとき、三角形ABCの面積はいくらか。

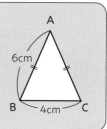

「底辺×高さ×$\dfrac{1}{2}$」の公式を使いましょう。底辺は4cmですが、高さがわかりません。そこで、頂角Aから底辺に垂直に直線を下ろします。下りたところが底辺BCの中点になり、この点をDとします。すると左右に直角三角形ができるので、ここから高さを求めましょう。

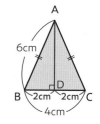

直角三角形ABDに着目してみると、**三平方の定理**より、$\mathbf{BD^2 + AD^2 = AB^2}$が成り立ち、以下のようになります。

$$AD^2 + 2^2 = 6^2$$
$$AD^2 + 4 = 36$$
$$AD^2 = 32$$

> 2乗して32になる数は、すぐにわからないので$\sqrt{32}$にします

$$AD = \sqrt{32}$$
$$AD = \sqrt{4 \times 4 \times 2}$$

> これは素因数分解で見つけてもOKです
> $\sqrt{4 \times 4 \times 2}$となり4の2乗が見つかりました

$$AD = 4\sqrt{2}$$

> ルートを外して$4\sqrt{2}$です

したがって、**三角形ABCの高さであるADの長さは$4\sqrt{2}$cm**であることがわかりましたので、あとは公式で面積を求めましょう。

$$4 \times 4\sqrt{2} \times \dfrac{1}{2}$$
$$= 16\sqrt{2} \times \dfrac{1}{2}$$
$$= 8\sqrt{2}$$

> ルートどうしのかけ算、割り算はできますが、整数と一緒になった場合は文字と同じように考えるとよいでしょう

よって、三角形ABCの面積は$\mathbf{8\sqrt{2}}$ **cm²**です。

Section 2 円

こんなことを学習します

ここでは円について学習します。円の一部で
あるおうぎ形も重要な図形ですから、合わせ
て学習していきます。ここでも円にまつわる
公式・定理が多くありますから、できるだけ
覚えるようにしましょう。

1 円・おうぎ形の公式

　何より基本中の基本である**公式**から紹介します。これらは覚えていないと
問題が解けなくなってしまいますので、確認してください。

> **板書7**　円・おうぎ形の公式
>
>
>
>
>
> ※ π ＝円周率
>
> 円の面積…
> 　半径×半径× π
> 円周の長さ…
> 　2×半径× π
>
> おうぎ形の面積…
> 　半径×半径× π × $\dfrac{中心角}{360}$
> 弧の長さ…
> 　2×半径× π × $\dfrac{中心角}{360}$

おうぎ形は円の一部ですから、円の公式の最後に「×$\dfrac{中心角}{360}$」という計算が加わります。円の中心角は1周、つまり360°なので、おうぎ形は「1周のうちの何度なのか」という割合の計算を加える必要があるのですね。

2 円周角・中心角

　円周角・中心角は円の性質として定番ですので、ここで確認しておきましょう。

　円周角とは、円周上のある2点から他の1点に向かって直線を引いたときにできる角度のことです。中心角とは、円周上のある2点から中心に向かって直線を引いたときにできる角度のことです。そして、円周角を2倍すると中心角になることを覚えておきましょう。

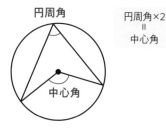

　ということは、円周角が90°のとき、中心角は90×2＝180［°］になります。つまり、右のように直角三角形ができることになります。この形は特徴的なので、知っている人も多いでしょう。

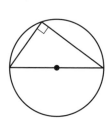

　次に、円周角・中心角の大きさは弧の長さと対応することを覚えておきましょう。弧が長ければ長いほど円周角・中心角は大きくなります。

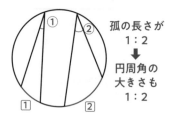

孤の長さが
1：2
↓
円周角の大きさも
1：2

3 円と接線の関係

円と接線を題材にした問題もよく出題されるので、基本知識の確認をしましょう。

まず、円の接線とは円周上に1点だけ接する直線のことです。接した点を接点といいます。円の中心と接点を結んだ直線は、**接線と垂直に交わる**性質があります。

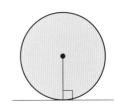

また、**円外の1点から円に接線を2本引いたとき、円外の1点から接点までの長さはどちらも等しくなります**。これも大切な性質なので、覚えておきましょう。

では、以上をふまえて、具体的に、例を見てみましょう。

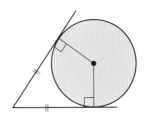

> **例2** 右のAB＝3cm、BC＝4cm、AC＝5cmの直角三角形ABCの内接円の面積はいくらか。

内接円の面積を求めるには、内接円の半径が必要です。半径を明らかにするために、内接円の中心から接点に補助線を引いてみます。そうすると、**補助線と各辺とは垂直に交わる**ので、左隅に**1辺の長さが半径と同じ長さの正方形**ができます。ここで、内接円の半径を r［cm］とおき、3つの接点をそれぞれP、Q、Rと名付けます。

そこで、AP＝AB－BPより、AP＝$3 - r$［cm］、CQ＝BC－BQより、CQ＝$4 - r$［cm］となります。そして、先ほど説明した**円と接線の関係**より、**AP＝AR、CQ＝CR**がいえるので、AR＝$3 - r$［cm］、CR＝$4 - r$

［cm］となります。

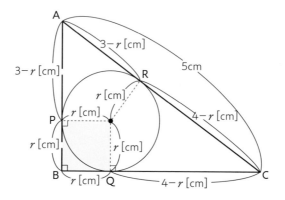

　この2つの長さを足せば、ACとなりますから、以下のようにrの値を求めることができます。

$$(3 - r) + (4 - r) = 5$$

$$2r = 2$$

　$r = 1$となりますから、内接円の面積は、$1 \times 1 \times \pi = \boxed{\pi}$ ［cm²］となります。

CHAPTER 6　過去問チェック！

問1　Section 1 **3**

三角形ABCにおいて、∠BACの二等分線をAD、∠ABCの二等分線をBEとし、2つの線分AD、BEの交点をFとする。

AB＝6、BC＝5、CA＝4のとき、AF：FDの値として正しいものはどれか。

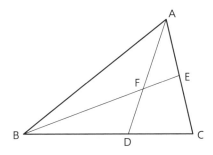

❶　3：2　　**❷**　2：1　　**❸**　4：3　　**❹**　5：2　　**❺**　5：3

裁判所2023

解説　正解2

角の二等分線と辺の比の性質を使いましょう。図1を見てください。∠BAD＝∠CADですから、**AB：AC＝BD：CD**が成り立ちます。AB＝6、AC＝4ですから、BD：CD＝6：4＝3：2となります。BCが5ですから、そのままBD＝3、CD＝2となります。

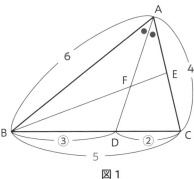

図1

次に、図2を見てください。∠ABF＝∠DBEですから、**BA：BD＝AF：DF**が成

り立ちます。先ほどBD＝3と求めることができましたので、これとAB＝6から
AF：FD＝6：3＝**2：1**となります。

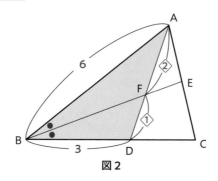

図2

よって、正解は②です。

問2 Section 1 ④・⑤・⑥
　下の図の台形の面積として、最も妥当なのはどれか。

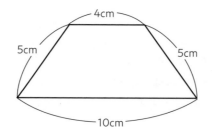

① 21cm²

② $14\sqrt{3}$ cm²

③ 28cm²

④ $\dfrac{35}{2}\sqrt{3}$ cm²

⑤ $21\sqrt{3}$ cm²

東京消防庁Ⅱ類2014

解説　正解3

　台形の面積を求める問題ですから、公式を確認しましょう。（上底＋下底）×高さ÷2で求めることができますね。図形は、上底が4cm、下底が10cmということはわかっていますが、高さがわかっていません。そこで、**高さをどのようにして求めるか**、がポイントになります。

　まず、この台形は上底と下底以外の2辺の長さがどちらも5cmで等しいことから、「**等脚台形**」と呼ばれる特徴的な台形です。底辺の内角の大きさが等しく、線対称な台形です。ということは、以下のように上底の両端から下底に対して垂直に線を下ろすと、**外側の長さは左右等しくなる**ということです。

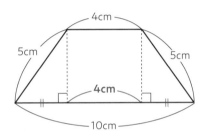

　ここから、左右に直角三角形ができたこと、そして、この直角三角形から「**三平方の定理が使えるのではないか？**」と気づけるようにしましょう。左右にできた直角三角形の底辺の長さはどちらも同じです。等脚台形の底辺が10cmで、左右の直角三角形の底辺以外の中央部分は4cmですから、直角三角形の底辺は（10−4）÷2＝**3**［cm］であることがわかります。

　ここから、左の直角三角形に着目してみましょう。底辺が3cm、斜辺が5cm、高さをx［cm］とすれば、ここで三平方の定理が使えることがわかります。$3^2 + x^2 = 5^2$が成り立ちますね。

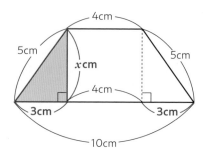

$$3^2 + x^2 = 5^2$$
$$9 + x^2 = 25$$
$$x^2 = 16$$
$$x = 4$$

したがって、直角三角形の高さ、つまり等脚台形の高さが4cmになります。

よって、台形の面積は $(4+10) \times 4 \div 2 = \mathbf{28}$ **[cm²]** となりますので、正解は ❸ です。

問3 Section 1 ❹・Section 2 ❶

下図のような辺AB＝18cm、辺AC＝30cmの直角三角形ABCが、頂点Cを中心に矢印の方向に90°回転し三角形A´B´Cの位置まできたとき、頂点Aが描く軌跡、頂点Bが描く軌跡、辺AB及び辺A´B´によって囲まれる斜線部分の面積として、正しいのはどれか。ただし、円周率はπとする。

❶　72π cm²

❷　81π cm²

❸　90π cm²

❹　99π cm²

❺　108π cm²

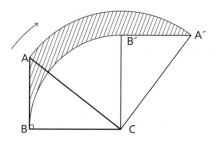

東京都Ⅲ類2004

　見た目は難しそうに見えますが、下図のように**求めることができる図形に分解**してみると、直角三角形ABCは引き算よりなくなり、結果、おうぎ形①の面積からおうぎ形②の面積を引けば、斜線部分の面積を求めることができますね。

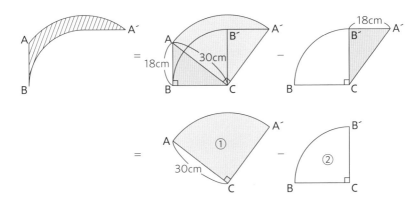

　そうすると、①のおうぎ形については、半径も中心角もわかっているので、面積は求めることができますが、②のおうぎ形については、半径BCの長さが不明です。そこで、図をよく見ると、そもそも**BCは直角三角形ABCの底辺（または高さ）に当たる**ので、**三平方の定理**で求めることができます。

$$BC^2 + AB^2 = AC^2$$
$$BC^2 + 18^2 = 30^2$$
$$BC^2 + 324 = 900$$
$$BC^2 = 576$$
$$BC^2 = 24^2$$

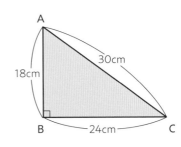

このままにしておきましょう。

したがって、斜線部分の面積は以下のようになります。

$$30 \times 30 \times \pi \times \frac{90}{360} - 24 \times 24 \times \pi \times \frac{90}{360} = \frac{900}{4}\pi - \frac{576}{4}\pi = \frac{324}{4}\pi = \mathbf{81\pi}\ [\text{cm}^2]$$

よって、正解は**❷**です。

第 2 編
判断推理

CHAPTER 1

集合・命題

判断推理の中では特殊なテーマですが、特に命題の問題は解法パターンが決まっています。国家公務員の試験でよく出題されており、比較的得点源にしやすいテーマといえます。

Section 1　集　合

こんなことを学習します

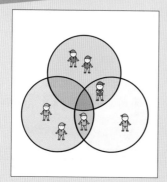

ここでは集合について学習します。ベン図という図を使って方程式を作りますが、方程式の数が多くなることに苦しめられます。1文字ずつ消去して解くのではなく、式全体を足したり引いたりして一度に文字を複数個消去していきます。

1　集　合

1　集合とは

　集合とは「ものの集まり」のことです。集まっている1つひとつのものを「要素」といい、この要素の個数を求めるのが集合の問題です。

　一般的に、集合を表現するのにはベン図を使います。ベン図とは**集合を円などで表したもの**で、要素の個数を円の内側に書き入れます。

　例えば、全体で50人いるクラスのうち、ある試験に合格した生徒が30人である場合、右のようにベン図で表すことができます。

残りの20人は合格していないので、円の外側です

2 3集合のベン図

本試験では**集合の数が3つある**問題が出題されるので、3つの円で表すベン図を考えてみましょう。例えば、先ほどと同じくあるクラスの生徒が試験を受ける状況を考えます。ただし今度は、国語、英語、数学という**3科目の試験が行われ、それぞれの試験に合格した生徒の集まりを円で表す**ことにします。

まず、全体を四角で囲みます。そして、「国語に合格した生徒の集まり」を表す円、「英語に合格した生徒の集まり」を表す円、「数学に合格した生徒の集まり」を表す円をそれぞれ描きます。このとき、2科目合格した生徒や3科目すべて合格した生徒もいるかもしれませんので、**円どうしを交わらせる必要があります**。完成したベン図は右のようになります。

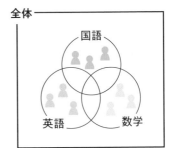

判断推理

CH1 集合・命題

2 集合の問題の解き方

ベン図を使った一連の解き方の流れを見てみましょう。

1 要素の個数を文字で表して方程式を作る

　先ほどの例で説明します。まず、四角で囲まれた領域全体は8か所に分かれていますが、この8か所の領域に入るそれぞれの要素の個数を $a \sim h$ の文字で表します。一例として以下のようになります。

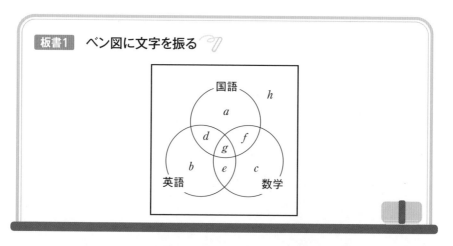

板書1　ベン図に文字を振る

　これができたら、あとは問題文の条件に沿って方程式を作ります。例えば、「国語の試験に合格した生徒が30人」という条件があれば、国語の試験に合格した集まりは、a、d、f、g の4つで、これらをすべて足すと30人ですから、「$a+d+f+g=30$」という方程式が作れます。他にも、「1科目の試験だけ合格した生徒が20人」という条件があれば、国語だけの a、英語だけの b、数学だけの c をすべて足すと20人ですから、「$a+b+c=20$」という方程式が作れます。

2 連立方程式で文字の値を求める

これらの方程式をふまえて、求めたい文字の値を、連立方程式を使って計算していきます。具体的な例で考えてみましょう。

> **例 1** ある小学校の児童50人について、犬、猫、ウサギを飼っているかを尋ねたところ、次のア〜オのことがわかった。
>
> ア 犬を飼っている児童は25人であった。
> イ 猫を飼っている児童は20人であった。
> ウ ウサギを飼っている児童は12人であった。
> エ 犬、猫、ウサギのうち2種類だけを飼っている児童は4人であった。
> オ 犬、猫、ウサギのうちいずれも飼っていない児童は3人であった。
>
> 以上から判断して、犬、猫、ウサギの3種類すべてを飼っている児童は何人か。

❶ ベン図を描いて、個数を文字で表す

犬を飼っている、猫を飼っている、ウサギを飼っているという3つの集合の問題です。まずは、3つの円を組み合わせたベン図を描き、「飼っている要素」を円の内側とします。

そして、ベン図の8つの領域に入るそれぞれの個数を $a \sim h$ の文字で表すと、右のようになります。

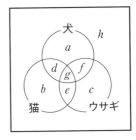

❷ 条件から方程式を作る

　次に、問題文の条件から方程式を作っていきます。

　まず、全体は50人です。a〜hをすべて足すと50人ですから、$a+b+c+d+e+f+g+h=50$という方程式が作れます。

　次に、条件アは「犬を飼っている児童は25人」ですから、犬を飼っている集まりの個数であるa、d、f、gをすべて足すと25人です。よって、$a+d+f+g=25$という方程式が作れます。

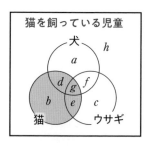

犬を飼っている児童

　条件イは「猫を飼っている児童は20人」ですから、猫を飼っている集まりの個数であるb、d、e、gをすべて足すと20人です。よって、$b+d+e+g=20$という方程式が作れます。

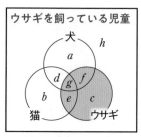

猫を飼っている児童

　条件ウは「ウサギを飼っている児童は12人」ですから、ウサギを飼っている集まりの個数であるc、e、f、gをすべて足すと12人です。よって、$c+e+f+g=12$という方程式が作れます。

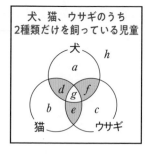

ウサギを飼っている児童

　さらに、条件エについて考えます。「犬、猫、ウサギのうち2種類だけを飼っている児童は4人」ですから、犬と猫の2種類だけを飼っている集まりの個数d、猫とウサギの2種類だけを飼っている集まりの個数e、ウサギと犬の2種類だけを飼っている集まりの個数fをすべて足すと4人です。よって、$d+e+f=4$という方程式が作れます。

犬、猫、ウサギのうち
2種類だけを飼っている児童

　最後に、条件オは「犬、猫、ウサギのうちいずれも飼っていない児童は3人」ですから、円の外側のhが3人です。h

$=3$ となります。

板書2 式のまとめ

冒頭　：$a + b + c + d + e + f + g + h = 50\cdots$①
条件ア：$a + d + f + g = 25\cdots$②
条件イ：$b + d + e + g = 20\cdots$③
条件ウ：$c + e + f + g = 12\cdots$④
条件エ：$d + e + f = 4\cdots$⑤
条件オ：$h = 3\cdots$⑥

---

❸　連立方程式を解く

　方程式ができたら、あとは方程式を組み合わせて連立方程式を解くことで、求めたい数値を導きます。求めたいのは 3 種類すべてを飼っている児童の人数ですから、g を求めましょう。

　どの方程式を組み合わせればよいかは問題によって変わるので、ここが難しいところです。コツとしてはなるべく文字を減らすこと、「一部分の方程式を足して、他の方程式で引く」という流れが多いことを押さえておきましょう。

　まず、$h = 3$ですので、h を消しましょう。①に⑥を代入すると、以下のようになります。

$a + b + c + d + e + f + g + 3 = 50$
$a + b + c + d + e + f + g = 47\cdots$①´

　次に、一部分の方程式である②③④を足してみます。そうすると $a + b + c + 2d + 2e + 2f + 3g = 57\cdots$⑦となります。

$$
\begin{array}{r}
a +   d   f + g = 25\cdots② \\
b   d + e   g = 20\cdots③ \\
+\,) c +   e + f + g = 12\cdots④ \\
\hline
a + b + c + 2d + 2e + 2f + 3g = 57\cdots⑦
\end{array}
$$

ここで、見通しを立ててみますね。⑦には d、e、f が2つずつ、g が3つ含まれており、①´には d、e、f、g が1つずつ含まれています。そこで、⑦から①´を引くと、d、e、f が1つずつ残り、g が2つ残った方程式ができます。その方程式とまだ使っていない⑤を組み合わせると g だけ残るので、g の値を求めることができそうです。

　⑦から①´を引くと、以下のように $d + e + f + 2g = 10$…⑧ができます。

$$\begin{array}{r} a + b + c + 2d + 2e + 2f + 3g = 57 \cdots ⑦ \\ -\,)\ \underline{a + b + c + d + e + f + g = 47 \cdots ①´} \\ d + e + f + 2g = 10 \cdots ⑧ \end{array}$$

　次に、⑧から⑤を引くと、以下のように、$2g = 6$ ですから、$g = 3$ となります。

$$\begin{array}{r} d + e + f + 2g = 10 \cdots ⑧ \\ -\,)\ \underline{d + e + f \phantom{{}+ 2g} = 4 \cdots ⑤} \\ 2g = 6 \end{array}$$

　よって、犬、猫、ウサギの3種類すべてを飼っている児童は 3人 です。

おそらくベン図は高校の数学などで見覚えのある人もいるかもしれませんね。馴染みがある人もいると思いますが、「方程式をどうまとめるか」ががんばりどころです。

Section 2 命題

こんなことを学習します

ここでは命題について学習します。まずは「記号化」と「対偶」についてマスターしましょう。問題を解くときは、記号化した命題に対して「三段論法」をしりとりのように使って、選択肢ごとに検討していきます。

1 命 題

1 命題とは

「犬ならば哺乳類である」は正しいです。また、「猫ならば魚類である」は正しくないです。このように正しい／正しくないとはっきりといえる文章を命題といいます。一般的には「Pならば（すべて）Qである」といったりします。また、Pの部分を仮定、Qの部分を結論といい、「犬」、「猫」が仮定で「哺乳類である」、「魚類である」が結論となります。

> 板書3 命題とは
>
> ex. 仮定　　　結論
> 　　犬 ならば 哺乳類 である

2 対 偶

命題の基本事項として、「対偶」を紹介しましょう。先ほど挙げた例の「犬ならば哺乳類である」を使って説明します。ちなみに、「犬ならば哺乳類である」は内容的に正しいので、「真」といいます。この言い回しも覚えておきましょう。

「対偶」とは、仮定と結論を入れ替えてどちらも否定することです。つまり、「哺乳類でないならば犬でない」ですね。哺乳類でないものが犬であるはずがありませんから、これも「真」になります。このようにもとの命題が真であれば対偶も真であり、対偶が真であればもとの命題も真であるといえます。

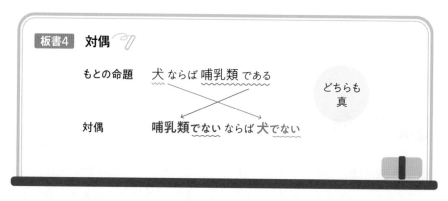

板書4　**対偶**

| もとの命題 | 犬 ならば 哺乳類 である |
| 対偶 | 哺乳類でない ならば 犬でない |

どちらも真

特に問題を解く上で対偶は必須です。もとの命題にとって対偶にあたる命題を作ることを「対偶をとる」という言い方をします。

2 命題の問題の解き方

解き方の流れに沿った解法を見てみましょう。

1 命題の「記号化」

命題の問題が出てきたら、**記号化**をして解くのが原則です。記号化とは、例えば「PならばQである」の命題を「P→Q」のように矢印を使って表すことです。

また、**否定**のとき、例えば「PでないならばQでない」の命題は「$\overline{P}$→$\overline{Q}$」のように、線を上に乗せて表します（この線を「バー」と言います）。

対偶をとる際に、**二重否定**が出てくることがありますが、**二重否定＝肯定**になることも押さえてください。例えば「Pでないことはない」は「Pだ」というのと同じことですから、「$\overline{\overline{P}}$」は「P」に変えることができます。

板書5 命題の「記号化」

ex. 「犬ならば哺乳類である」 … 犬 → 哺乳類

「猫ならば魚類でない」 … 猫 → $\overline{魚類}$

---

2 三段論法という名のしりとり

ここまでを整理してみます。命題の問題を解く際の流れは、❶「記号化」→❷「対偶をとる」です。そして、この後、❸「三段論法で選択肢をチェック」で終わりです。

三段論法<ruby>さんだんろんぽう</ruby>とは、2つの命題から1つの命題を導くものです。簡単にいうと、**しりとりのように2つの命題をつなげていく**やり方です。例えば、「鳥は動物である」、「動物はいつかは死ぬ」という2つの命題があるとき、「鳥はいつかは死ぬ」といえます。

ex.　鳥 → 動物　　　動物 → 死ぬ

鳥 → 動物 → 死ぬ

なお、実際の問題で選択肢をチェックするときは、必ずしも2つの命題をつなげるだけとは限らず、3つ以上の場合もあります。

では、以上をふまえて、具体的な例で考えていきましょう。

> 例2　　ある高校で学科の好き嫌いを調査したところ、次のような結果が出た。
>
> ○　数学を好む者は歴史を好む。
> ○　英語を好む者は歴史を好まない。
> ○　体育を好む者は英語を好む。
>
> このことから確実にいえるのはどれか。　　　　刑務官2001
>
> ❶　体育を好まない者は歴史を好む。
> ❷　数学を好む者は英語を好む。
> ❸　体育を好まない者は英語を好まない。
> ❹　歴史を好む者は数学を好む。
> ❺　体育を好む者は数学を好まない。

❶　命題を記号化する

まずは、3つの命題を記号化します。以下のように記号化できたでしょうか。

138

○数学→歴史 …①

○英語→$\overline{歴史}$ …②

○体育→英語 …③

> 記号化の際の省略の仕方に決まりはないので、頭文字だけにしても構いません。また、本問は「好む」か「好まない」かのどちらかですから、「好む」を肯定、「好まない」を否定にして検討すればよいでしょう。

❷ 対偶をとる

次に、対偶をとりましょう。仮定と結論を入れ替えて、どちらも否定します。以下のようになりますね。

○$\overline{歴史}$→$\overline{数学}$ …①´

○歴史→$\overline{英語}$ …②´

○$\overline{英語}$→$\overline{体育}$ …③´

ここで、②´に二重否定が出てきました。元々は$\overline{歴史}$だったものが、さらに否定されるので、$\overline{\overline{歴史}}$になります。そして二重否定は肯定になりますから、肯定に変えておきましょう。

○歴史→$\overline{英語}$ …②″

これで準備は終わりです。記号化したもの、対偶をとったものをまとめると、以下のようになります。

板書7 記号化した命題の一覧

	命題	対偶
1つ目	数学→歴史	$\overline{歴史}$→$\overline{数学}$
2つ目	英語→$\overline{歴史}$	歴史→$\overline{英語}$
3つ目	体育→英語	$\overline{英語}$→$\overline{体育}$

❸ 選択肢の命題を三段論法でチェックする

では、以上をふまえて、選択肢を確認していきます。選択肢の命題も記号化した上で、三段論法で正しくつなげることができるかどうかを調べましょう。

❶ ×「体育→歴史」が正しくつなげられるでしょうか。「体育」から始まる命題は一覧の中にありません。したがって、「体育→歴史」はつなげることができません。

❷ ×「数学→英語」が正しくつなげられるでしょうか。まず、1つ目の命題に「数学」から始まるものがあるので、「数学→歴史」とつなげることができます。次に、「歴史」から始まるものが2つ目の対偶にありますから、「数学→歴史→英語」とつながり、この時点で「数学→英語」となります。これは「数学を好む者は英語を好まない」となってしまうので、「数学→英語」はつなげることができません。

❸ ×「体育→英語」が正しくつなげられるでしょうか。❶と同じく、「体育」から始まる命題は一覧の中にありません。したがって、「体育→英語」はつなげることができません。

❹ ×「歴史→数学」が正しくつなげられるでしょうか。まず、2つ目の対偶に「歴史」から始まるものがあるので、「歴史→英語」とつなげることができます。次に、「英語」から始まるものが3つ目の対偶にありますから、「歴史→英語→体育」となります。しかし、❶と同じく、「体育」から始まる命題は一覧の中にありません。したがって、「歴史→数学」はつなげることができません。

❺ ○「体育→数学」が正しくつなげられるでしょうか。まず、3つ目の命題に「体育」から始まるものがあるので、「体育→英語」とつなげることができます。次に、「英語」から始まるものが2つ目の命題にありますから、「体育→英語→歴史」となります。さらに、「歴史」から始まるものが1つ目の対偶にありますから、「体育→英語→歴史→数学」とつながり、「体育→数学」は正しくつなげることができます。

CHAPTER 1　過去問チェック！

問1　Section 1　**2**

あるクラスの35人の生徒の中で、サッカーが好きな生徒は20人、水泳が好きな生徒は15人、バレーボールが好きな生徒は12人であった。また、この3種類のスポーツ全てが好きな生徒は3人、3種類中2種類のスポーツのみが好きな生徒は8人であった。このとき、このクラスには、3種類中1種類のスポーツのみが好きな生徒は何人いたか。

① 21人　**②** 22人　**③** 23人　**④** 24人　**⑤** 25人

海上保安学校学生2022

解説　正解2

サッカーが好き、水泳が好き、バレーボールが好きという3つの**集合**の問題です。円の内側を「好き」としてベン図を描き、8つの領域に入るそれぞれの個数を$a \sim h$の文字で表しましょう。

まず、全体は35人です。$a \sim h$をすべて足すと35人ですから、$a+b+c+d+e+f+g+h=35$という方程式が作れます。

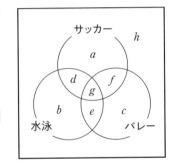

「サッカーが好きな生徒は20人」ですから、サッカーが好きな集まりの個数であるa、d、f、gをすべて足すと20人です。よって、$a+d+f+g=20$という方程式が作れます。「水泳が好きな生徒は15人」ですから、水泳が好きな集まりの個数であるb、d、e、gをすべて足すと15人です。よって、$b+d+e+g=15$という方程式が作れます。「バレーボールが好きな生徒は12人」ですから、バレーボールが好きな集まりの個数であるc、e、f、gをすべて足すと12人です。よって、$c+e+f+g=12$という方程式を作れます。また、「3種類のスポーツ全てが好きな生徒は3人」ですから、$g=3$、「3種類中2種類のスポーツのみが好きな生徒は8人」ですから、サッカーと水泳のみ好きなd、水泳とバレーボールのみ好きなe、バレーボールとサッカーのみ好きなfをすべて足すと8人です。よって、$d+e+f=8$という方程式を作れます。

$a + b + c + d + e + f + g + h = 35\cdots①$

$a + d + f + g = 20\cdots②$

$b + d + e + g = 15\cdots③$

$c + e + f + g = 12\cdots④$

$g = 3\cdots⑤$

$d + e + f = 8\cdots⑥$

あとは、連立方程式を解いて、求めたい数値を導きましょう。求めたいのは**$a + b + c$**です。$g = 3$は判明しているので、⑤を①、②、③、④に代入しましょう。

$a + b + c + d + e + f + h = 32\cdots①'$

$a + d + f = 17\cdots②'$

$b + d + e = 12\cdots③'$

$c + e + f = 9\cdots④'$

一部の方程式である②'③'④'を足してみます。そうすると、**$a + b + c + 2d + 2e + 2f = 38$**となります。

$$
\begin{array}{r}
a + \quad\;\; d + \quad\;\; f = 17 \\
b + \quad\;\; d + e \quad\;\; = 12 \\
+\underline{\;c + \quad\;\; e + f = 9} \\
a + b + c + 2d + 2e + 2f = 38
\end{array}
$$

⑦にはd、e、fが2つずつ含まれているので、これらを2でくくると、$2 \times (d + e + f)$となり、⑥が使えそうです。よって、⑦に⑥を代入すると、$a + b + c + 2 \times 8 = 38$ですから、$a + b + c = 22$となります。

$a + b + c + 2 \times (d + e + f) = 38\cdots⑦$

$d + e + f = 8\cdots⑥$

$\Rightarrow a + b + c + 2 \times 8 = 38$

3種類中1種類のスポーツのみが好きな生徒は**22人**ですから、正解は**❷**です。

問2 Section 2 **2**

ある航空会社の社員について、次のことが分かっているとき、論理的に確実にいえるのはどれか。

○ 視力が良い人は眼鏡をかけていない。
○ パイロットは目薬を使用している。
○ 視力が良くない人はパイロットではない。

❶ 視力が良い人は目薬を使用している。
❷ 眼鏡をかけている人はパイロットではない。
❸ 眼鏡をかけていない人は視力が良い。
❹ 目薬を使用していない人は視力が良い。
❺ パイロットではない人は眼鏡をかけている。

気象大学校学生2019

解説　正解2

命題の問題です。まず、「視力が良い」、「眼鏡をかけている」、「パイロットである」、「目薬を使用している」を肯定として、**3つの命題を記号化して、それぞれの対偶をとる**と、以下のようになります。

	命題	対偶
1つ目	視力→眼鏡	眼鏡→視力
2つ目	パイロット→目薬	目薬→パイロット
3つ目	視力→パイロット	パイロット→視力

では、選択肢を確認していきます。選択肢の命題も記号化した上で、三段論法で正しくつなげることができるかどうかを調べましょう。

❶ × 「視力→目薬」が正しくつなげられるでしょうか。まず、1つ目の命題に「視力」から始まるものがあるので、「視力→眼鏡」とつなげることができます。しかし、「眼鏡」から始まるものは一覧の中にないので、これ以上はつなげることができません。したがって、「視力→目薬」はつなげることができません。

❷ ○ 「眼鏡→$\overline{パイロット}$」が正しくつなげられるでしょうか。まず、1つ目の対偶に「眼鏡」から始まるものがあるので、「眼鏡→$\overline{視力}$」とつなげることができます。次に、「$\overline{視力}$」から始まるものが3つ目の命題にありますから、「眼鏡→$\overline{視力}$→$\overline{パイロット}$」とつながり、「眼鏡→$\overline{パイロット}$」は正しくつなげることができます。

❸ ✕ 「$\overline{眼鏡}$→視力」が正しくつなげられるでしょうか。「$\overline{眼鏡}$」から始まる命題は一覧の中にありません。したがって、「$\overline{眼鏡}$→視力」はつなげることができません。

❹ ✕ 「目薬→視力」が正しくつなげられるでしょうか。2つ目の対偶に「目薬」から始まるものがあるので、「目薬→$\overline{パイロット}$」とつなげることができます。しかし、「$\overline{パイロット}$」から始まるものは一覧の中にありませんので、これ以上はつなげることができません。したがって、「目薬→視力」はつなげることができません。

❺ ✕ 「$\overline{パイロット}$→眼鏡」が正しくつなげられるでしょうか。「$\overline{パイロット}$」から始まる命題は一覧の中にありません。したがって、「$\overline{パイロット}$→眼鏡」はつなげることができません。

CHAPTER 2

対応関係

判断推理には、3つの「〇〇関係」が登場します。その第1弾が、ここで扱う「対応関係」です。「〇〇関係」について学習していくうえで土台となるテーマでもあります。

対応関係

こんなことを学習します

	法	文	経	理
A		×		
B		×		
C	×	○	×	×
D		×		

ここでは対応関係について学習します。まずは、「Aの趣味は釣りである」のように、要素である「A」と「釣り」が単純に対応する状況について考えます。条件の整理・解法など、このテーマ特有のものもありますので、しっかりと見ていきましょう。

1 対応関係

1 要素の対応

　要素の対応とは、異なる集合内の要素と要素を対応させることをいい、広い意味で判断推理全般に当てはまることです。この後のCHAPTERで扱いますが、人物の集合の要素と順位の集合の要素を対応させるのであれば順序関係といったり、また、人物の集合の要素と座席の集合の要素を対応させるのであれば位置関係といったりします。このように集合の種類や対応状況の特徴性でテーマ分けされています。

　ここでは、2つの集合の要素が単純に対応する問題を考えてみます。

2 対応関係

　2つの集合の要素が単純に対応する問題を（2集合）対応関係といいます。例えば、「学生の集合」の要素としてA、B、C、Dの4人、「学部の集合」

の要素として法学部、経済学部、文学部、理工学部の4つがあるとき、「誰がどの学部か？」を考えるような問題です。

この例であれば、普通は学部は1人1つですので、「**一対一対応**」の問題です。1人1つで、重複はありません。他にも、「誰がどの2都市に行ったか？」のように1つの要素が複数の要素と対応する「**複数対応**」の問題もあります。

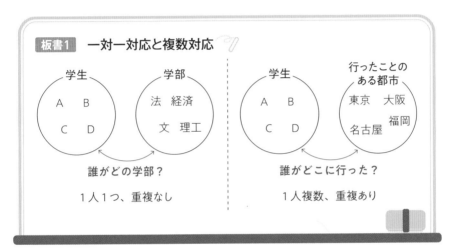

2 対応関係の問題の解き方

1 対応の状況を把握する

先ほど説明したように、問題が「一対一対応」なのか「複数対応」なのかを問題文を読んで把握しましょう。

2 ○×表を作る

対応関係の問題は、○×表で解きます。先ほどの学生と学部の例であれば、学生をタテ（左端）、学部をヨコ（上端）に並べて書き、マスを作ります。そ

して、学生はヨコに、学部はタテに見て該当するマスに○×で状況を整理していく解法です。

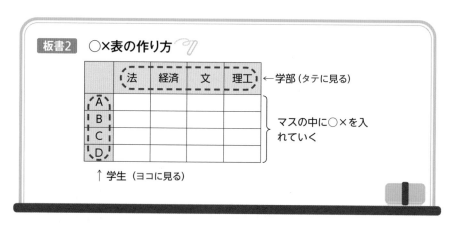

特に、複数対応の場合は、各列に入る○の数に着目しなければなりませんので、見落とさないように気をつけてくださいね。

具体的な例で考えていきましょう。

例1　A～Dの4人は、アメリカ、フランス、ドイツ、ロシアのいずれか異なる1つの国をそれぞれ訪れたことがある。4人の訪れた国について、次のア～ウのことがわかっているとき、確実にいえるのはどれか。

ア　Aはフランスを訪れたことがある。
イ　ドイツを訪れたことがあるのは、BかDである。
ウ　Cはロシアを訪れたことはない。

❶ Bはアメリカを訪れたことがある。
❷ Bはロシアを訪れたことがある。
❸ Cはアメリカを訪れたことがある。
❹ Dはドイツを訪れたことがある。
❺ Dはロシアを訪れたことがある。

❶ 対応の状況を把握する

本問は、A～Dの4人の人物の集合と、アメリカ、フランス、ドイツ、ロシアという彼らの訪れた国の集合とを、それぞれ単純に対応させる問題です。また、「いずれか異なる1つの国をそれぞれ訪れた」ということですから、1人につき1つの国で、重複がない「一対一対応」の問題ですね。

❷ ○×表を作る

まずは○×表を作って、問題文の条件を整理しましょう。本問であれば、以下のような表を作るとよいでしょう。人物をタテ、訪れた国をヨコに並べます。

	アメリカ	フランス	ドイツ	ロシア
A				
B				
C				
D				

どちらの集合をタテ・ヨコにしても構わないのですが、人物をタテにすることが多いのではないかと思います。

❸ ○×を書き込んでいく

では、この表に条件ア～ウの内容を整理していきます。まず条件アよりAの訪れた国はフランスです。また、本問は「一対一対応」で1人1つ、重複なしですから、Aはフランス以外を訪れていませんし、A以外はフランスを訪れていません。したがって、以下のように○×が入ります。

	アメリカ	フランス	ドイツ	ロシア
A	×	○	×	×
B		×		
C		×		
D		×		

「一対一対応」は、マスに○が入ると、それ以外の可能性がなくなり、○の入ったマスの上下左右に並ぶマスに×が入る、というのが特徴です。

次に、条件イよりドイツを訪れたのはBかDですから、裏を返せばCはドイツを訪れていません。したがって、Cの訪れた国はドイツではありません。

	アメリカ	フランス	ドイツ	ロシア
A	×	○	×	×
B		×		
C		×	×	
D		×		

さらに、条件ウよりCはロシアを訪れていませんから、×が入ります。

	アメリカ	フランス	ドイツ	ロシア
A	×	○	×	×
B		×		
C		×	×	×
D		×		

これで、Cの列には×が3個入りましたので、Cがアメリカを訪れたことがわかります。よって、BとDはアメリカを訪れていません。

	アメリカ	フランス	ドイツ	ロシア
A	×	○	×	×
B	×	×		
C	○	×	×	×
D	×	×		

この段階で、正解は❸です。

なお、「BとDがドイツとロシアのどちらを訪れたか」までは、問題文の条件からは特定できません。ですから、❷、❹、❺は「可能性としてはあるが、確実にはいえない」ので誤りとなるのです。

Section 2 数量推理

こんなことを学習します

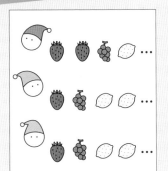

数量推理というテーマでは、「Aはいちごを5個食べた」のように、要素の「A」と「いちご」が5個という数値で対応する状況について考えます。条件の整理・解法など、このテーマ特有のものもありますので、しっかりと見ていきましょう。

1 数量推理とは

　異なる集合内の要素と要素を単純に対応させることを対応関係といいましたが、ここでは**数量で対応させる**問題を考えていきます。一般的には、このような問題を**数量推理**といいます。

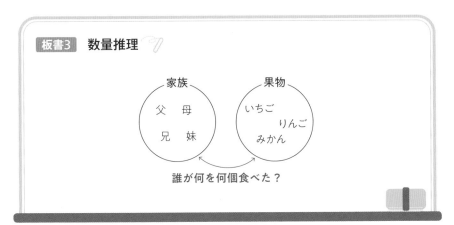

板書3　数量推理

家族　　　　　　　果物

父　母　　　　いちご　　りんご
兄　妹　　みかん

誰が何を何個食べた？

2 数量推理の問題の解き方

1 対応の状況を把握する

　一見すると対応関係とよく似ているので、判断に迷うことがありますが、その場合は、「誰が何を何個食べた？」のような数量関係である根拠を見つけましょう。

2 表を作る

　数量推理でも同じように表を作りますが、対応関係とは異なり、マスに○×ではなく数値を入れていきます。先ほどの家族と果物の例であれば、家族をタテ（左端）、果物をヨコ（上端）に並べて書き、マスを作ります。そして、家族はヨコに、果物はタテに見て該当するマスに数値を入れて状況を整理していく解法です。

板書4　数量推理の表の作り方

	いちご	りんご	みかん	計
父				
母				
兄				
妹				
計				

←果物（タテに見る）

マスの中に数値を入れていく
数値なので、各列の計も大切です

↑ 家族（ヨコに見る）

---

3 内訳のパターンを考える

　数量推理はよく「内訳のパターンを調べる」という流れが登場します。一見パターンが多そうに見えて、実はほとんどないという問題が多いので、面倒くさがらずに調べてみるとよいでしょう。

具体的な例で考えていきましょう。

> 例2　A、B、Cの3人はいちご、レモン、ぶどうの合計12個のアメを1人4個ずつ分けた。次のア〜ウのことがわかっているとき、確実にいえるのはどれか。
>
> ア　アメの個数は、いちごが5個、レモンが4個、ぶどうが3個であった。
> イ　Aが受け取ったいちごの個数は、Bが受け取ったいちごの個数の2倍であった。
> ウ　A、Bは3種類のアメを受け取ったが、Cは2種類のアメしか受け取らなかった。
>
> ❶　Aはレモンを2個受け取った。
> ❷　Aはぶどうを1個受け取った。
> ❸　Bはレモンを2個受け取った。
> ❹　Bはぶどうを1個受け取った。
> ❺　Cはレモンを1個受け取った。

❶　対応の状況を把握する

　A〜Cの人物の集合と、いちご、レモン、ぶどうのアメの集合の対応ですから、一見すると対応関係の問題です。しかし、あるアメを受け取った／受け取らなかったということを考えるのではなく、「**同じアメを何個受け取ったか**」が問題になっていますから、これは**数量推理**の問題だと判断できます。

❷　表を作る

　以下のような表を作ります。特に**数値の合計**に着目して解く問題も多いので、合計の列を右端、下端に作っておきましょう。

153

	いちご	レモン	ぶどう	計
A				
B				
C				
計				

❸ 数値を書き入れていく

では、ここに数値を入れていきます。問題文冒頭より、合計で12個のアメを4個ずつに分けていること、条件アには各種のアメの個数の合計も書かれていますから、これらを書き入れていくと、以下のようになります。

	いちご	レモン	ぶどう	計
A				4
B				4
C				4
計	5	4	3	12

❹ 内訳のパターンを考える

次に条件イです。「Aのいちごの個数がBのいちごの個数の2倍」、というだけでは特にピンと来ないかもしれませんが、実はこの条件は制約が大きいです。個数の内訳のパターンを考えてみましょう。

そもそも、条件ウより、AもBも3種類受け取っているので、いちごを受け取っていないということはありません。ですから、必ず1個以上になりますね。例えば、Bのいちごの個数が1個だとすれば、Aのいちごの個数は2個です。これは特に問題なさそうです。

	いちご	レモン	ぶどう	計
A	2			4
B	1			4
C				4
計	5	4	3	12

では、Bのいちごの個数が2個だとすると、Aのいちごの個数は4個です。これは明らかに条件に反しますね。いちごの合計がAとBで6個になってしまって、全部で5個であるという条件に反しています。

	いちご	レモン	ぶどう	計
A	4			4
B	2			4
C				4
計	5	4	3	12

つまり、AとBのいちごの個数はAが2個、Bが1個しかあり得ないので、これで確定します。残ったCは5-2-1=2［個］を受け取ります。

	いちご	レモン	ぶどう	計
A	2			4
B	1			4
C	2			4
計	5	4	3	12

❺ さらに条件からわかることを書き入れる

次に、条件ウを確認しましょう。まずAは3種類のアメを全て受け取っています。すでにいちごを2個受け取っているので、残りは2個、そして2種類のレモンとぶどうですから、レモンとぶどうを1個ずつ受け取ったことになります。

	いちご	レモン	ぶどう	計
A	2	1	1	4
B	1			4
C	2			4
計	5	4	3	12

あとは、BとCのレモンとぶどうの個数ですね。条件ウよりCは2種類のアメしか受け取っていませんので、レモンとぶどうのどちらかを0個にして、もう片方を2個にしなければいけません。

ここで、場合分けして考えてみましょう。1つは、Cの受け取った個数がレモン2個、ぶどう0個の場合です。以下のようになり、Bはレモンを1個、ぶどうを2個受け取ります。特に問題の条件には反しません。

	いちご	レモン	ぶどう	計
A	2	1	1	4
B	1	1	2	4
C	2	2	0	4
計	5	4	3	12

　もう1つは、Cの受け取った個数がレモン0個、ぶどう2個の場合です。以下のようになり、Bのぶどうは0個ですが、これでは「Bは3種類のアメを受け取った」という条件ウに反してしまいます。

	いちご	レモン	ぶどう	計
A	2	1	1	4
B	1	3	0	4
C	2	0	2	4
計	5	4	3	12

　したがって、このケースはあり得ないことになります。以下のように、Cの受け取った個数がレモン2個、ぶどう0個のケースが、問題文の条件を全て満たすことになります。

	いちご	レモン	ぶどう	計
A	2	1	1	4
B	1	1	2	4
C	2	2	0	4
計	5	4	3	12

　これをふまえて選択肢を検討すると、正解は❷です。

CHAPTER 2 過去問チェック！

問1 Section 1 **2**

　歌舞伎、狂言、能、人形浄瑠璃の4種類の観賞券が2枚ずつ計8枚ある。この8枚の観賞券をA～Dの4人で分けることにした。次のことが分かっているとき、確実にいえるのはどれか。

○　A～Dは、それぞれ2種類の観賞券を受け取った。
○　AとBは、能の鑑賞券を受け取った。
○　Bは、人形浄瑠璃の鑑賞券を受け取らなかった。
○　BとCは、1種類は同じ観賞券を受け取った。
○　Dは、狂言の鑑賞券を受け取った。

❶　Aは、歌舞伎の鑑賞券を受け取った。
❷　Bは、狂言の鑑賞券を受け取った。
❸　Cは、狂言の観賞券を受け取った。
❹　Cは、人形浄瑠璃の観賞券を受け取った。
❺　Dは、人形浄瑠璃の観賞券を受け取った。

皇宮護衛官高卒2019

解説　正解5

　人物の集合と観賞券の集合をそれぞれ**単純に対応させる問題**です。4種類の鑑賞券は2枚ずつあり、4人とも2種類ずつ鑑賞券を受け取りますから、複数で重複ありの**複数対応**の問題であることがわかります。まずは表1のような○×**表**を作って考えてみましょう。

表1	歌	狂	能	人	計
A					
B					
C					
D					
計					

ひととおり条件からわかることを○×表に入れていきます。問題文冒頭と条件１つ目は数値の条件なので、表の計の列に書き入れましょう。条件２つ目からAとBの能は○で、計が「２」ですから、CとDの能は×になります。条件３つ目からBの人形浄瑠璃は×、条件５つ目からDの狂言は○です。条件４つ目は後で検討しましょう。ここまでが表２のようになります。

表2	歌	狂	能	人	計
A			○		2
B			○	×	2
C			×		2
D		○	×		2
計	2	2	2	2	8

では、条件４つ目を考えてみます。BとCを1種類は同じ鑑賞券にしなければいけませんが、候補として考えられるのは歌舞伎と狂言です。しかし、狂言を同じ鑑賞券にすると、すでにDも○が入っているので、B・C・Dで○が3個になってしまい、計の「2」に反します。したがって、同じ鑑賞券は狂言ではなく歌舞伎であることがわかり、表３のようにBとCに○が入ります。

表3	歌	狂	能	人	計
A			○		2
B	○		○	×	2
C	○		×		2
D		○	×		2
計	2	2	2	2	8

その結果、歌舞伎の計が「２」ですから、AとDには×が入ります。これでDは歌舞伎と能に×が入りましたので、Dは人形浄瑠璃が○となります。また、Bはすでに歌舞伎と能が○ですから、狂言は×が入ります（表４）。残るAとのもう１枚の鑑賞券は、狂言か人形浄瑠璃のどちらかです。つまり、（A，C）＝（狂言，人形浄瑠璃）または（人形浄瑠璃，狂言）の２通りが考えられますので、これだけの条件ではどちらになるかは決まりません。

表4	歌	狂	能	人	計
A	×	○/×	○	×/○	2
B	○	×	○	×	2
C	○	×/○	×	○/×	2
D	×	○	×	○	2
計	2	2	2	2	8

ここで選択肢を検討すると、「Dは、人形浄瑠璃の鑑賞券を受け取った」ことは表４からいえますので、正解は**❺**です。

問2 Section 2 **2**

あるショッピングセンターの駐輪場で200台の自転車を調べたところ、次のことが分かった。なお、自転車の種類と色は、それぞれ3通りに分類されるものとする。

ア　自転車の種類と台数は、スポーティ車が72台、子供車が40台、シティ車が88台であった。

イ　白色の自転車の台数は90台、青色の自転車の台数は64台であった。

ウ　青色の子供車の台数は10台、青色のシティ車の台数は30台であった。

エ　白色でも青色でもない子供車の台数は、白色の子供車の台数の4倍であり、白色でも青色でもないシティ車の台数より10台多かった。

以上から判断して、白色のシティ車の台数として、正しいのはどれか。

❶ 36台　　**❷** 38台　　**❸** 40台　　**❹** 42台　　**❺** 44台

東京都Ⅲ類2017

解説　正解5

「どの種類がどの色か」というだけなら対応関係ですが、「何台あるか」と聞いていますから、**数量推理の問題**と考えてよいでしょう。台数をまとめていくことになるので、表1のような表を作りましょう。**対応関係で使った表と似ていますが、計の列を書くことを忘れないようにしましょう。**

表1	白	青	白でも青でもない	計
スポーティ				
子供				
シティ				
計				

問題文冒頭から全体の合計が200台であること、そして条件ア、イ、ウの数値を表に入れましょう。自転車の種類はヨコに、色はタテに見て数値を入れていくと表2のようになります。

表2	白	青	白でも青でもない	計
スポーティ				72
子供		10		40
シティ		30		88
計	90	64		200

条件イより、白色の自転車が90台、青色の自転車が64台ということは、残りは白色でも青色でもない自転車ですから、台数は200－90－64＝46［台］だとわかります。

条件エは倍と差の条件ですから、文字で表しましょう。「白色の子供車の台数」が基準ですから、ここに x［台］とおけば、「白色でも青色でもない子供車の台数」は $4x$［台］とおけます。そうすると、$4x$［台］は「白色でも青色でもないシティ車の台数」より10台多かったわけですから、「白色でも青色でもないシティ車の台数」は $4x$ より10台少ない $4x-10$［台］となります。

ここまで書き入れると、表3のようになります。

表3	白	青	白でも青でもない	計
スポーティ				72
子供	x	10	$4x$	40
シティ		30	$4x-10$	88
計	90	64	46	200

求めたいのは白色のシティ車の台数ですが、まずは x を求めましょう。子供車の列に着目すると、合計から $x+10+4x=40$ であることがわかります。

$$x+10+4x=40$$
$$5x=30$$
$$x=6$$

したがって、$x=6$ を表3に代入すると表4のようになります。

ここから白色のシティ車の台数がわかります。シティ車の列に着目すると、合計から⑦＋30＋14＝88ですので、⑦＝44［台］となります。よって、正解は❺です。

表4	白	青	白でも青でもない	計
スポーティ				72
子供	6	10	24	40
シティ	⑦	30	14	88
計	90	64	46	200

CHAPTER 3

順序関係

「○○関係」の第2弾である順序関係では、対応関係と違って条件の整理や「条件をまとめる」といった作業が最も大切になります。

Section 1
順位に着目するタイプ

こんなことを学習します

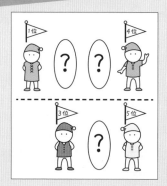

数量を伴わない条件で順位を決める問題について学習します。このタイプの問題では、条件から順位が一通りに決まることはまれで、大半は順位について複数のケースが生じます。したがって、漏れることなく書き出すという作業が大切になります。

1 順位に着目するタイプ

1 順位に着目するタイプとは

　順位（順番）を考える問題全般を**順序関係**といいますが、その中でも、**純粋に順位（順番）だけに着目するタイプ**の問題です。順位だけに着目するので、順位間を表すような個数差、点数差、タイム差といった数値は題材になりません。

2 順位に関する表現

以下が、よく出題される順位だけに着目した表現です。

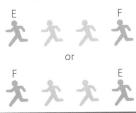

2 順位に着目するタイプの問題の解き方

順位（順番）の把握のし方がポイントです。定番の考え方を身につけておきましょう。

1 条件を記号化する

先ほど示した表現を視覚的に把握できるように**記号化**して**整理**します。特に表し方に決まりはありませんが、表現の読み間違えや記号化間違えのないよう注意してください。

板書2 記号化で整理

ex. ※左を早く、右を遅く設定しています

「Aの次にBがゴールした」 … A B

「DよりもCが早くゴールした」 … C > D

「EとFの間に2人ゴールした」 … E ○○ F or F ○○ E

---

2 まとめる

ひととおり記号化したら、**共通して出てくる人物（アルファベット）でまと**めていきます。どんどん塊を大きくしていくイメージですね。

板書3 記号化したものをまとめる

ex.

A ○○ B
C A
→ まとめて… C A ○○ B

---

❸ あり得るケースを書き出す

まとめ終えたら、まだ検討していない条件やまとめることに使えなかった記号化などを確認しながら、まとめてできた**大きい記号化**を中心に**あり得るケースを表などにして書き出していきましょう**。

板書4 **大きい記号化の例**

ex.

　　C A ○○ B …5人でひとまとめになるので、制約が大きい

具体的な例で考えていきましょう。

例1　　A～Dの4人が100m走を行った。ゴールした状況について、次のことがわかっているとき、確実にいえるのはどれか。

ア　AはBよりも先にゴールした。
イ　CとDは連続してゴールした。
ウ　BとDがゴールする間に、1人がゴールした。

❶　Aが1位だとすると、Dは2位である。
❷　Aが1位だとすると、Cは3位である。
❸　Bが4位だとすると、Aは1位である。
❹　Bが4位だとすると、Cは3位である。
❺　Cが3位だとすると、Dは4位である。

---

❶ 条件を記号化する

まず、問題の条件を記号化していきます。左を「早い」、右を「遅い」とし、2通り考えられるものは書き出しておきましょう。

条件ア　A＞B
　　　イ　CD or DC
　　　ウ　B○D or D○B

❷ まとめる

条件イとウを記号化したものに共通するDがありますから、**Dでまとめる**ことができそうですね。さらにそれぞれ2通りずつありますから、まとめると4通りの記号化ができます。

条件イ　C**D** or **D**C

ウ　B○**D** or **D**○B

イ＋ウ　B C **D**

C **D** ○ B

B ○ **D** C

D C B

❸ あり得るケースを書き出していく

まとめた条件を中心に**あり得るケースを書き出していきます**。その際、まだ使っていない条件アを確認していきます。**Aの順位を考える**とよいでしょう。

条件アと「BCD」を組み合わせると、Aが1位となり、4人の順位は以下のとおりです。

1　2　3　4

A　B　C　D…①

条件アと「CD○B」を組み合わせると、○＝AなのでAが3位となり、4人の順位は以下のとおりです。

```
1 2 3 4
C D A B …②
```

　条件アと「B○DC」を組み合わせようと考えてみても、AはBより順位が上なので、○に当てはまる人物がいません。よって、このケースは条件に反します。

　条件アと「DCB」を組み合わせると、Aが1位となり、4人の順位は以下のとおりです。

```
1 2 3 4
A D C B …③
```

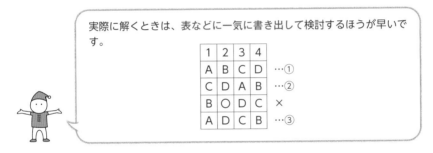

実際に解くときは、表などに一気に書き出して検討するほうが早いです。

1	2	3	4	
A	B	C	D	…①
C	D	A	B	…②
B	○	D	C	×
A	D	C	B	…③

　よって、本問の条件を満たすケースは①～③の3通りです。これをふまえて選択肢を検討しましょう。「Aが1位だとすると、Cは3位である」ことは、①と③どちらでもいえますから、正解は❷です。

数量に着目するタイプ

こんなことを学習します

まさに数量をもって順位を決める問題について学習します。数式で条件の整理を行うこともできますが、ここで紹介する線分図を使うのがおすすめです。

1　数量に着目するタイプ

1　数量に着目するタイプとは

　順序関係の中でも、順位だけでなく、ある順位と別の順位の間の<mark>個数差、点数差、タイム差</mark>といった<mark>数量の差</mark>を考慮するタイプの問題です。

2　順位間の数量の差に関する表現

　問題文で示される順位間の数量の差を示す表現として、次のようなものがあります。

板書5 数量の差に関する表現

「AはBより5歳年上」
　　　　　　　　文字どおり、数量の差とどちらの数量が大きいか
　　　　　　　　もわかる表現

「CとDは3歳差」
　　　　　　　　数量の差がわかるものの、どちらの数量が大きいかは不明
　　　　　　　　（CとDのどちらかが年上かは不明）

2 数量に着目するタイプの問題の解き方

1 条件を線分図で表す

　順位を明らかにするだけであれば条件を記号化するだけでよいのですが、順位間の**数量の差**なども登場するので、王道は**線分図で整理**することです。特に、数値の差だけに着目する場合は線分図がとても有効です。

板書6 線分図を使った整理

ex.「AはBより5歳年上」

※1歳が1目盛

ex.「CとDは3歳差」　　※どちらが年上か不明なので、2通り書いておきましょう

（ⅰ）Cのほうが年上の場合

（ⅱ）Dのほうが年上の場合

2 まとめる

ひととおり線分図で整理したら、**共通して出てくる人物（アルファベット）でまとめていきます**。どんどん塊を大きくしていくイメージですね。

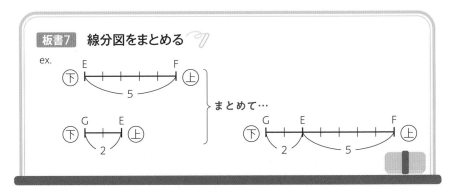

板書7　線分図をまとめる

ex.

まとめて…

3 大きい線分図を中心に考える

まとめ終えたら、まだ検討していない条件やまとめることに使えなかった線分図などを確認しながら、まとめてできた**大きい線分図を中心に考えます**。

具体的な例で考えていきましょう。

例2　A〜Dの4人の年齢について、以下のことがわかっているとき、確実にいえるのはどれか。

　ア　AはBより6歳年上である。
　イ　BとCは4歳差である。
　ウ　DはBより3歳年下である。
　エ　最年長と最年少の年齢は10歳差である。

　❶　AはCより2歳年上である。
　❷　BはCより4歳年上である。
　❸　CはDより7歳年下である。
　❹　DはAより5歳年下である。
　❺　最年少はDである。

❶ 条件を線分図で表す

年齢差が問題になっているので、線分図を使って問題文の条件を整理してみましょう。条件エは線分図にするのが難しそうなので、まずは条件ア～ウを線分図で表してみます。ここでは、左を「年下」、右を「年上」として表しています。

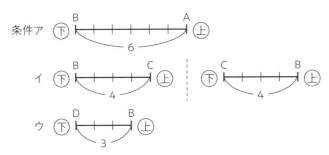

❷ まとめる

Bに着目すると、Bは条件アおよびウに登場していますね。であれば、Bを中心に条件アとウの線分図をまとめることができ、**大きな線分図を作ることができます**。

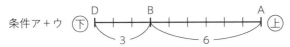

❸ 大きい線分図を中心に考える

あとは、ここにCを加えていきます。条件イによればBとCは4歳差ですから、**場合分け**をします。つまり、CがBの4歳年上であるケースと、4歳年下であるケースの2通りありますので、それぞれ線分図を描いてみましょう。

〈CがBより4歳年上のケース〉

線分図は以下のようになります。

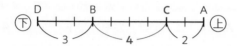

ここで、まだ使っていない条件エを考えましょう。線分図を見ると、最年長Aと最年少Dの年齢差が9歳になっており、条件エに反しますので、このケースはあり得ません。

〈CがBより4歳年下のケース〉

線分図は以下のようになります。

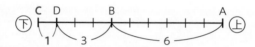

線分図を見ると、最年長Aと最年少Cの年齢差が10歳になっており、条件エを満たしています。このケースで成立します。

よって、CがBより4歳年下のケースを踏まえて選択肢を検討すると、「BはCより4歳年上である」ことは確実にいえるので、正解は❷です。

CHAPTER 3 過去問チェック！

問1 Section 1 **2**

A〜Fの6人の学生がカメラの前に横一列に並び、集合写真の撮影を行ったが、そのときの状況はカメラ側から見て、次のとおりであった。

ア　AとBの間には3人いた。

イ　Cの隣はDであった。

ウ　Fは左端から数えて4人目であった。

以上から判断して、カメラ側から見て、右端にいたのは誰か。

❶ A　　　❷ B　　　❸ C　　　❹ D　　　❺ E

東京都キャリア採用2018

解説　正解5

並ぶ順番が題材になっており、純粋に順番のみに着目していますので、**順位に着目するタイプの問題だと判断できます**。まずは記号化していきましょう。

条件を全て記号化すると、右のようになります。条件アやイのように、左右が不明なものについては、2通り表しておきましょう。

特にまとめられる条件もないので、**あり得るケースを書き出していきます**。条件ウがすでに確定しているので、これをベースに、なるべく塊の大きい条件アを入れてみましょう。

条件ア　A〇〇〇B or B〇〇〇A
イ　CD or DC
ウ　〇〇〇F〇〇

A			F	B		…①
	A		F		B	…②×
B			F	A		…③
	B		F		A	…④×

表に一気に書き出すと右のようになり、4つのケースがあります。しかし、残った条件イを入れるためには、連続して2か所が空いている場所が必要です。②、④のケースは1か所ずつしか空いている場所がないので、②、④のケースは条件に反することになります。

173

では、①、③のケースにさらに条件イを加えてみます。そうすると右のように左から2人目と3人目にCとDが並びますが、CとDの左右の関係は

CとDが並ぶが左右は不明

わかりません。しかし、いずれにおいても右端の空いた場所にEが並ぶのは確実です。よって、正解は❺です。

問2 Section 2 2

ある日の4人の生徒A～Dの学校への到着時刻についてみると、BはAより20分早く到着していた。また、BとDの到着時刻の差は30分であり、CとDの到着時刻の差は10分であった。さらに、一番早く到着した者と一番遅く到着した者の到着時刻の差は40分であった。この4人を到着順に並べたものとして最も妥当なのはどれか。

❶ B→A→C→D

❷ B→A→D→C

❸ C→B→A→D

❹ D→B→C→A

❺ D→C→B→A

刑務官2017

解説　正解2

到着順だけでなく「時刻差」についての数値も登場していますので、**数量に着目するタイプ**の問題と判断できます。さらに、時刻の差は**線分図**で整理していきましょう。

条件を線分図で整理します。「BとDの到着時刻の差は30分」と「CとDの到着時刻の差は10分」はどちらも2人のうちどちらが早いのかは不明ですので、線分図は2通り描いておきましょう。

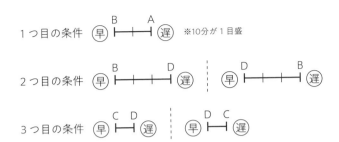

　では、これをまとめましょう。1つ目の条件と2つ目の条件に共通してBが登場していますので、1つ目の条件と2つ目の条件をまとめると、以下のように2つできます。

　後でもいいのですが、ここで、まだ使っていない4つ目の条件である「一番早く到着した者と一番遅く到着した者の到着時刻の差は40分」に着目すると、後者はDとAの到着時刻の差が50分となり、この条件に反します。

　よって、前者で考えます。3つ目の条件と先ほどの4つ目の条件を考慮すると、CはDより10分遅れて到着することになります。

　線分図より、到着順はB→A→D→Cとなりますから、正解は❷です。

CHAPTER 4

位置関係

「○○関係」の第3弾である位置関係では、順序関係と同じで条件の整理や「条件をまとめる」といった作業が最も大切になります。

Section 1

座席表・部屋割り

こんなことを学習します

ここでは座席表・部屋割りの問題について学習します。順位に着目するタイプの問題と同じように、条件から座席や部屋が一通りに決まることはまれで、大半は複数のケースが生じます。したがって、漏れることなく書き出すという作業が大切になります。

1 座席表・部屋割り

1 座席表・部屋割りとは

　教室や列車での座席表やマンションの部屋割りといった「枠」のある中で、人物が座っている席の位置、住んでいる部屋の位置を考えるタイプの問題を、座席表・部屋割りと呼んでいます。

2 座席表・部屋割りに関する表現

　座席表の場合は席全体を上から見た図（いわゆる平面図）で、部屋割りの場合は建物全体を真横から見た図が使われるケースが多いです。このことを踏まえ、以下が、よく出題される表現です。

板書1 座席表・部屋割りに関する表現

板書1 座席表・部屋割りに関する表現

「Aの右隣の席はBである」

「CはDのすぐ真下の部屋に住んでいる」

2 座席表・部屋割りの問題の解き方

1 条件を記号化する

先ほど示した表現を視覚的に把握できるように記号化して整理します。

> 座席表・部屋割りの問題は枠があるので、ブロック化と呼んでもいい
> でしょう。

板書2 記号化での整理

ex.
「Aの右隣の席はBである」

A	B

「CはDのすぐ真下の部屋に住んでいる」

D
C

2 まとめる

　ひととおり記号化したら、共通して出てくる人物（アルファベット）でまとめていきます。どんどん塊を大きくしていくイメージですね。

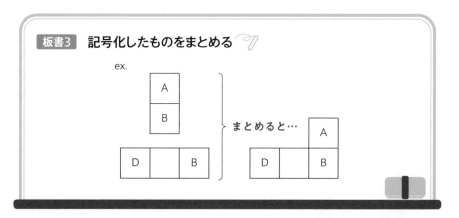

3 あり得るケースを書き出す

　まとめ終えたら、まだ検討していない条件やまとめることに使えなかった記号化などを確認しながら、まとめてできた大きい記号化を中心にあり得るケースを表などにして書き出していきます。

　具体的な例で考えていきましょう。

例1 A〜Eの5人は、右のような6つの座席のいずれかに座っており、1つの座席は空席である。以下のことがわかっているとき、確実にいえるのはどれか。

前

①	②	③
④	⑤	⑥

左　　　　　　　　　右

後

ア　Aは前列の席、Bは後列の席に座っている。
イ　Cの両隣には人が座っている。
ウ　Dは端の席に座っており、隣には人が座っていない。
エ　Eは⑥に座っている。

❶　Aは①に座っている。
❷　Bは④に座っている。
❸　Cは②に座っている。
❹　Dは③に座っている。
❺　空席は⑤である。

❶ 条件を記号化する

まずは条件を記号化していきます。席に枠がありますから、ブロックのように描いていくとよいでしょう。人がいるものの誰かは特定できない席は○、人がいない席は×で表しますね。条件ウの「端の席」は、左端か右端かは不明なので、2通り描いておきましょう。

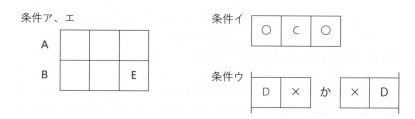

自分さえわかればどんな表現でも構いませんから、あまりこだわらないようにしましょう。

❷ まとめる

次に、まとめられるものがないか探していきましょう。複数の条件に共通して登場する人物はいませんが、前列3席、後列3席ですから、単純に条件イとウをまとめても大した分量ではありません。条件イのCが前列または後列としてまとめてみると、次の4つのケースが考えられることがわかります。

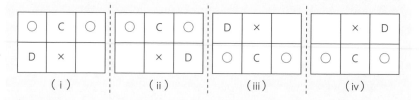

使っていない条件で絞り込むと、まず、条件エより⑥にはEが座っているので、(ⅱ)は条件に反します。

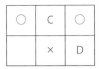

（ⅱ）　Eの席がない

また、(ⅰ)の場合、⑥がEですから、条件アよりBの席がありませんね。これも条件に反します。

（ⅰ）　Bの席がない

(ⅲ)の場合は、⑥がEですから、④がBとなります。これより、残りのAの席が③とわかります。同じように、(ⅳ)の場合も考えてみると、⑥がE、④がBですから、Aの席は①となります。

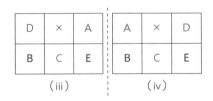

以上をふまえて選択肢を検討すると、「Bは④に座っている」ことは確実にいえるので、正解は❷です。

2 円　卓

こんなことを学習します

座席の問題はそれぞれの席が固有のものですが、円卓の席はすべての席が等しい位置関係にあります。ですから、座席の問題と同じように解くことはできません。その違いをしっかりと学習していきましょう。

1 円　卓

1 円卓とは

　円形のテーブルや長方形のテーブルの席に人が座るタイプの問題を**円卓**の問題といいます。座席表の問題と異なるのは、**席全体をテーブルに対して回転させると同じ座り方のケースが出てきてしまう**という点です。シチュエーション次第で円卓の問題だったり、座席表の問題だったり、変わってしまうので注意してください。

特に、席に番号が振られていない場合は、円卓の問題と捉えてよいでしょう。

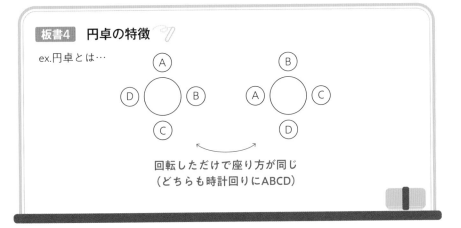

板書4 円卓の特徴

ex.円卓とは…

回転しただけで座り方が同じ
（どちらも時計回りにABCD）

2 左右の捉え方

円卓においては、**座っている人の向き**が大きく影響します。「左隣」、「右隣」というのは、基準となる人の向きで判断してください。テーブルに向いて座っているのが普通ですね。

右側　　　左側
向き

2 円卓の問題の解き方

座席表の問題とは解き方が大きく異なるので注意しましょう。

1 席を固定する

席全体がテーブルに対して回転してしまうので、このまま考えてしまうと、実は、「同じ座り方を考えていた…」ということがあります。これを避けるために、例えば「**Aをこの席に座らせる！**」といったことをすると、席が固定されて席全体の回転が止まります。

このとき、最初に座らせる人を誰にするかが大切です。通常は、条件での**登場回数が多い人**を最初に座らせるとよいでしょう。というのは、条件に多く登場する人を座らせると、これに連動して他の人の席が決まるようになる

からです。

2 場合分けをする

例えば、隣り合っていることだけがわかっており右隣なのか左隣なのかが決まらない、といったときは、**場合分け**したうえで、1ケースずつ検討します。

具体的な例で考えていきましょう。

例2 A～Fの6人が、右のような円卓に向かって等間隔に座っている。以下のことがわかっているとき、確実にいえるのはどれか。

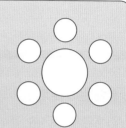

ア　AとBは隣り合っている。
イ　BとDは向かい合っている。
ウ　CとEは向かい合っていない。
エ　Fの隣にEが座っている。

❶　AとEは向かい合っていない。
❷　AとFは向かい合っている。
❸　CとEは隣り合っていない。
❹　CとFは隣り合っている。
❺　DとEは隣り合っていない。

---

❶ 席を固定する

円卓の問題なので、**席を固定します**。そのために、最初に座らせる人を考えます。条件を見てみると、BとEが2回登場していますね。どちらでもいいですが、ここではBを最初に座らせてみましょう。席はどこも同じですので、一番下にしますね。そうすると、条件イよりBとDは向かい合っていますから、Dは一番上の席に座ります。

❷ 場合分け

次に条件アですが、AとBは隣り合うので、Aの席はBにとって左隣のケースと右隣のケースが考えられます。いったん**2通り描いておき、1ケースずつ検討**しましょう。

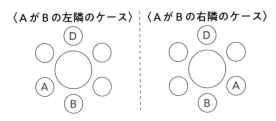

〈AがBの左隣のケース〉 〈AがBの右隣のケース〉

〈AがBの左隣のケース〉

条件エよりEとFは隣り合っていますので、EとFの席は点線で囲まれた2席のどちらかです。したがって、Cの席は残りの席、つまり、AとDの間の席となります。

さらに条件ウを見るとCとEが向かい合っていませんから、Bの隣にF、Dの隣にEが座るとうまくいきます。

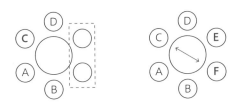

〈AがBの右隣のケース〉

　条件エよりEとFは隣り合っていますので、EとFの席は点線で囲まれた2席のどちらかです。したがって、Cの席は残りの席、つまり、AとDの間の席となります。

　さらに条件ウを見るとCとEが向かい合っていませんから、Bの隣にF、Dの隣にEが座るとうまくいきます。

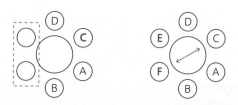

　以上をふまえて選択肢を検討すると、「CとEは隣り合っていない」ことは確実にいえるので、正解は❸です。

CHAPTER 4 過去問チェック！

問1 Section 1 **2**

次の図のような3階建てのアパートがあり、A～Hの8人がそれぞれ異なる部屋に住んでいる。今、次のア～エのことが分かっているとき、確実にいえるのはどれか。

ア　Aが住んでいる部屋のすぐ下は空室で、その空室の隣にはDが住んでいる。

イ　Bは端の部屋に住んでおり、その隣にはGが住んでいる。

ウ　Cが住んでいる部屋のすぐ上には、Eが住んでいる。

エ　Fが住んでいる部屋の隣には、Dが住んでいる。

3階	301号室	302号室	303号室
2階	201号室	202号室	203号室
1階	101号室	102号室	103号室

❶　Aの部屋は201号室である。

❷　Cの部屋は203号室である。

❸　Eの部屋は301号室である。

❹　Fの部屋は101号室である。

❺　Hの部屋は202号室である。

特別区経験者採用2017

解説　正解5

アパートの部屋の枠に人物を入れていく**部屋割り**の問題です。まずは条件を記号化しましょう。記号化しにくい条件は無理をせず、可能な限り記号化してください。

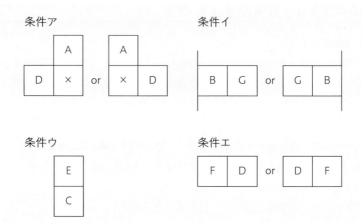

条件ア　　　　　　　　　　　　条件イ

条件ウ　　　　　　　　　　　　条件エ

条件イの「端」というのは、上記のように表しました。自分でわかる描き方でもちろん構いません。

　　条件アとエに共通するDを中心にこの2つの条件を右のようにまとめます。条件アより、DがAの左下と右下の2通りのケースがありますので、それぞれに合わせて条件エのFをDの隣に並べます。

条件ア＋エ

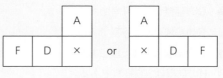

　あとは、これを3×3の部屋に入れていきましょう。まず、条件ア＋エのブロックは①（A＝3階、FD×＝2階）、②（A＝2階、FD×＝1階）という2通りの入れ方がありますが、①だと以下のように条件ウのブロックが入らなくなってしまいます。

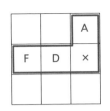 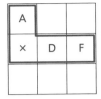

条件ウの
 が入らない…

よって、条件ア＋エのブロックは②（A＝2階、FD×＝1階）の入れ方です。次に**条件ウのブロック**を入れましょう。これも、真ん中の縦に入れてしまうと以下のように条件イのブロックが入らなくなってしまいます。

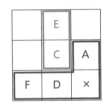 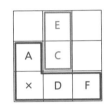

条件イの

が入らない…

よって、条件ウのブロックは**それぞれ端に入れましょう**。したがって、**条件イのブロック**は入る場所が3階の1か所しかないので、そこに入れます。そして、残された中央にHを入れて完成です。

このように条件を満たすケースが2通りできたので、これをどちらも満たすものを選択肢から探します。すると、「**Hの部屋は202号室である**」ことが確実にいえるので、正解は**⑤**です。

A〜Fの6人が等間隔で、丸いテーブルの中心に向かって座っている。6人のうち、AはFの正面で、Dの右隣に座っている。また、Bの正面にはCが座っている。これから確実にいえるのはどれか。

❶ Aからみて右隣はEである。
❷ Bからみて右隣はFである。
❸ Cからみて左隣はDである。
❹ Dからみて左隣はCである。
❺ Fからみて左隣はEである。

刑務官2009

解説　正解5

「等間隔で、丸いテーブルの中心に向かって座っている」とありますので、**円卓**の問題であると判断できます。では、円卓の図を描いて考えましょう。まず、**登場回数の多い人を最初に座らせたい**ので、条件を確認します。問題文にはすべて文章で書いてありますが、条件は3つです。

> ① AはFの正面に座っている。
> ② AはDの右隣に座っている。
> ③ Bの正面にはCが座っている。

条件に2回登場するAを最初に座らせましょう。そこで、Aを円卓の一番下に座らせて**席を固定**します。

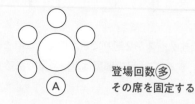

登場回数(多)
その席を固定する

次に、①AはFの正面ですから、Fは一番上に座ります。また、②AはDの右隣

ということは、DはAの左隣と同じことですから、Dの席は左下とわかります。

DはAの左隣

　続いて、③の条件を考えます。BとCが正面に向き合って座れる位置は、**点線で囲んだ2席**しかありません。したがって、ここにBとCが座ります。ただし、BとCのどちらが左上、右下の席に座るかは決まりません。そして、最後に残ったFの左隣の席にEが座って完成です。

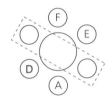

　選択肢を検討すると、「**FからみてEは左隣である**」ことは確実にいえるので、正解は❺です。

CHAPTER 5

試 合

公務員試験の題材になる試合には「リーグ戦」と「トーナメント戦」の2つの形式があります。どちらも重要ですが、どちらかというとリーグ戦のほうが出題頻度が高いです。

Section 1 リーグ戦

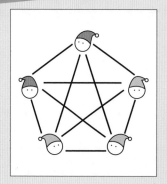

ここではリーグ戦の問題を学習します。「A はBに勝った」のような個別の勝敗結果が与えられますので、このような条件があるときはリーグ表を使って解いていきます。まずはリーグ表の見方・使い方を確認しましょう。

1 リーグ戦

1 リーグ戦とは

　リーグ戦は「総当たり戦」とも呼ばれ、**自分以外のチーム・選手すべてと対戦する**という仕組みです。野球で例を挙げると、プロ野球がこの仕組みを採用しています。したがって、**勝っても負けても試合数は全員同じ**です。

2 リーグ戦に関する表現

　試合ですから、当然、「○は△に勝った」や「□は○に負けた」などの個別の試合結果が与えられます。また、「Aチームは3勝1敗だった」のように、リーグ戦を終えた後の勝敗結果も与えられることがあります。

2 リーグ戦の問題の解き方

1 リーグ表を作る

リーグ戦の問題は表に条件を整理して解きますが、この表をリーグ表と呼ぶことにします。これは対応関係で紹介した〇×表に近い表で、勝ったら「〇」、負けたら「×」を該当するマスに入れていきます。4チームのリーグ戦であれば、4チームをそれぞれタテ（左端）、ヨコ（上端）に並べてマスを作り、ここに〇×で状況を整理・解法していく方法です。また、表の右端には、各チームの勝敗結果を書きます。つまり、〇の数と×の数ですね。

板書1 **4チームのリーグ表**

	A	B	C	D	〇	×
A						
B						
C						
D						

なお、実際には試合結果が「引き分け」になる問題もあります。その際は、△で表しましょう。なお、引き分けについてはやや難易度が高くなるため、ここでは引き分けの出てこない問題のみを紹介します。

　まず、左端のタテに並んだチームが自チームです。「…は」という表現に対応します。上端に並んだチームが相手チームです。「…に」という表現に対応します。ですから、「AはBに勝った」とあれば、①が該当するマスですから、「〇」と入れます。これは、同時にBから見ると負けですから、「BはAに負けた」の②には逆の結果である「×」を入れます。

板書2　勝敗の入れ方

ex.「AはBに勝った」

3 試合結果や勝ち数などの条件を考える

　リーグ戦の総試合数は、リーグ表の対角線より上側にあるマスの数です。
板書2 であれば6マスあるので、総試合数は6試合となります。そして、1試合につき、勝ち1つと負け1つが生じるので、このリーグ戦での勝敗合計は6勝6敗となります。つまり、リーグ表には〇が6個、×が6個入るということになります。

　具体的な例で考えていきましょう。

例1 A～Dの4チームがサッカーのリーグ戦を行った。以下のことがわかっているとき、確実にいえるのはどれか。なお、引き分けはなかったものとする。

ア　AはBに勝ち、Dに負けた。
イ　CはAに勝った。
ウ　DはCより勝ち数が多かった。
エ　全敗のチームがいた。

❶ Aは2勝1敗であった。
❷ Bは1勝2敗であった。
❸ BはDに勝った。
❹ CはBに勝った。
❺ DはCに負けた。

● **リーグ表を作り、○×を入れる**

まず、リーグ表を作りましょう。条件アとイの個別の試合結果を表に入れると、以下のようになります。この時点で、Aは○が1個、×が2個なので、勝敗結果は**1勝2敗**ですね。

	A	B	C	D	○	×
A		○	×	×	1	2
B	×					
C	○					
D	○					

条件ウですが、この時点では、Dの勝ち数が2勝なのか3勝なのかわからないので、後回しにして先に条件エを考えてみます。全敗とは、**すべて負けていること**です。つまり、すべて×が入ることになります。**CやDはすでに○が1個入っている**ので、全敗のチームにはなれません。したがって、残るBが全敗であることがわかります。Bは**0勝3敗**です。

	A	B	C	D	○	×
A	＼	○	×	×	1	2
B	×	＼	×	×	0	3
C	○	○	＼			
D	○	○		＼		

❷　勝ち数の条件を考える

　残る条件ウに着目します。すでにCもDも○が2個入っているので、2勝しています。あとは、CとDの対戦しかありませんから、ここで、DがCに勝つことで、Dが3勝、Cが2勝となって、Dの勝ち数をCより多くすることができます。Cは **2勝1敗**、Dは **3勝0敗** です。

	A	B	C	D	○	×
A	＼	○	×	×	1	2
B	×	＼	×	×	0	3
C	○	○	＼	×	2	1
D	○	○	○	＼	3	0

　以上をふまえて選択肢を検討すると、「 **CはBに勝った** 」ことが確実にいえます。よって、正解は❹です。

Section 2 トーナメント戦

こんなことを学習します

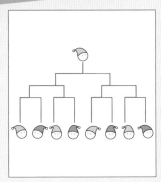

ここではトーナメント戦の問題を学習します。リーグ戦と同じく「AはBに勝った」のような個別の勝敗結果が与えられますが、試合の形式がトーナメント方式であればトーナメント表を使って解いていきます。まずはトーナメント表の見方・使い方を確認しましょう。

1 トーナメント戦

1 トーナメント戦とは

　トーナメント戦は「勝ち抜き戦」とも呼ばれ、**負けたら終わり**という仕組みです。野球で例を挙げると、甲子園がこの仕組みを採用しています。したがって、**初戦で負ければ1試合で終わりですが、勝ち進むと試合数が増えていきます。**

2 トーナメント戦に関する表現

　トーナメント戦も試合ですから、「○は△に勝った」などの個別の試合結果が与えられます。リーグ戦との違いは、**時系列がある**ということです。簡単にいえば、同じチームで、「○は△に勝った」と「○は□に負けた」という条件があれば、**「勝つ」が「負ける」より先の試合である**ということです。トーナメント戦では負けたら終わりなので、「負けた後に勝つ」という状況

は存在しないからです。

2 トーナメント戦の問題の解き方

1 トーナメント表の読み方

　トーナメント戦の問題はトーナメント表で解きますが、普通は、トーナメント表は問題文とともに与えられています。ここでは、トーナメント表の読み方を、8チームのトーナメント表で説明しておきます。

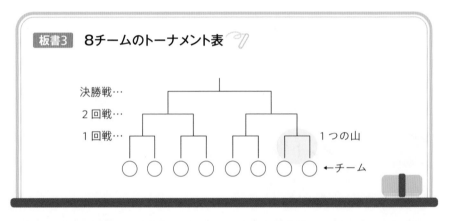

板書3　8チームのトーナメント表

決勝戦…
2回戦…
1回戦…
1つの山
←チーム

　1つの山（└┘）が1試合に当たりますので、山が7つあることから総試合数は**7試合**となります。トーナメント表の一番下の段が1回戦、その上の段が2回戦、そして、一番上の段が決勝戦（3回戦）となります。つまり、1回戦は4試合、2回戦は2試合、当たり前ですが決勝戦は1試合となります。そして一番下の段の山の下に参加するチームを入れます。

> トーナメント表は、表というより図に近いですね。なので、どのチームがどの位置にきて、どこまでトーナメント表を上るのかを決めるわけですから、位置関係の問題と捉えることもできます。

2 勝ち上がり方をあらかじめ決めておく

トーナメント表にもよりますが、先ほどの8チームのトーナメント表は、どのチームも1回戦から等しく試合を行っていくので、どの位置から勝ち上がって優勝または準優勝しても特に問題はありません。ですから、勝ち上がり方をあらかじめ決めておくとよいでしょう。また、試合の回数（何回戦か）も書き入れておくとよいでしょう。

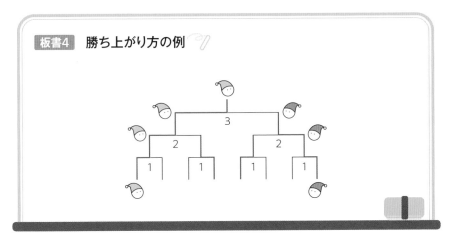

板書4 勝ち上がり方の例

3 「負けたら終わり」であることをふまえ、上位進出者に着目する

トーナメント戦の仕組みは「負けたら終わり」ですから、負けるのは必ず最後の試合です。これを手がかりに試合の順番などを考えることができます。また、なるべく上位進出者に着目するとよいです。なぜなら、上位に進んだ人は試合を何回もしていて、条件での登場回数が多いからです。

具体的な例で考えていきましょう。

例2 A～Dの4チームは、右図のようなサッカーの
トーナメント戦を行った。以下のことがわかって
いるとき、確実にいえるのはどれか。

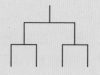

ア　AはBに勝った。
イ　DはAに勝った。

❶　Aは優勝した。
❷　Bは2回戦目で負けた。
❸　Cは1回戦目で負けた。
❹　Dは2回戦目で負けた。
❺　2回戦目はAとCが対戦した。

---

❶　勝ち上がり方をあらかじめ決めておく

　まずは**勝ち進み方、試合の回数**（何回戦目か）を書き入れます。全チームが
平等に1回戦目から試合を行います。したがって、**どのような勝ち進み方を
しても構いません**。ここでは以下のように決めておきましょう。

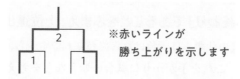

　また、試合結果がわかりにくければ、これも**記号化**するとよいでしょう。
条件アとイを記号化すると、以下のようになります。

条件ア　◯A－B×　　　　　条件イ　◯D－A×

❷　上位進出者に着目する

　上位進出者は一見わかりにくいですが、**登場回数の多いのはAです**。Aは
B、Dと2回試合を行っています。また、トーナメント表からわかるよう
に、試合は最大で2回戦までしかありません。ということは、**Aは2回戦
（決勝戦）に進出している**ことがわかります。

　また、**負けたのは最後の試合ですから**、AとBの試合、DとAの試合の前
後関係も確認できます。**AはBに1回戦で勝ち、Dに2回戦（決勝戦）で負
けた**、という流れだとわかるのですね。

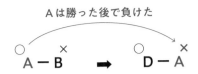

　よって、Aは1回戦で勝ち、2回戦で負けたので、トーナメント表の右端
の場所がAになります。また、1回戦でAに負けたBが右から2番目の場所、
2回戦でAに勝つDは優勝しており、左端の場所になります。残ったCは左
から2番目の場所です。

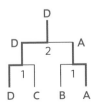

　以上をふまえて選択肢を検討すると、「**Cは1回戦目で負けた**」ことは確
実にいえるので、正解は❸です。

CHAPTER 5　過去問チェック！

問1　Section 1　**2**

　A～Eの5チームが、総当たり戦で野球の試合を行った。今、次のア～オのことが分かっているとき、確実にいえるのはどれか。

ア　AとDは1勝3敗であった。

イ　Bは、Cに負け、Eに勝った。

ウ　Cは、Aに勝った。

エ　Eは、AとDに勝った。

オ　優勝したチームは、全勝であった。

❶　Aは、Dに負けた。

❷　Bは、2勝2敗であった。

❸　Cは、3勝1敗であった。

❹　Dは、Bに勝った。

❺　Eは、Cに勝った。

特別区Ⅲ類2009

解説　正解2

　リーグ戦の問題です。まずは、リーグ表を作って、条件ア～エの個別の試合結果や勝敗結果を表に入れていきましょう。

	A	B	C	D	E	○	×
A			×		×	1	3
B			×		○		
C	○	○					
D					×	1	3
E	○	×		○			

　条件オを考えます。全勝とは、**すべて勝っていること**です。つまり、すべて○が入ることになります。BやEにはすでに×が1個入っているので、全勝のチームに

206

はなれません。したがって、残るCが全勝であることがわかります。Cは4勝0敗ですね。また、Eはすべての勝敗が明らかになり2勝2敗ということもわかりました。

	A	B	C	D	E	○	×
A			×		×	1	3
B			×		○		
C	○	○		○	○	4	0
D			×		×	1	3
E	○	×	×	○		2	2

　ここから、「Aが1勝したのはBとDのどちらの試合だろうか？」とか、「Dが1勝したのはAとBのどちらの試合だろうか？」などと考えてしまいますね。

　そんなときは、**勝敗の合計を考えてみましょう**。総試合数は対角線より上側のマスを数えればわかり、10マスあるので10試合です。したがって、**勝敗の合計は10勝10敗**です。すると、Bの勝敗結果がわかりますね。Bの勝ち数は10－（1＋4＋1＋2）＝2［勝］ですから、2勝2敗となります。

	A	B	C	D	E	○	×
A			×		×	1	3
B			×		○	2	2
C	○	○		○	○	4	0
D			×		×	1	3
E	○	×	×	○		2	2
						10	10

　残りの3試合の勝敗は、決まりません。ここで選択肢を確認すると、「**Bは、2勝2敗であった**」が確実にいえるので、正解は**❷**です。

問2 Section 2 **2**

　A～Hの8人が、次の図のようなトーナメント方式のバス釣り大会を行った。今、次のア～オのことが分かっているとき、確実にいえるのはどれか。

ア　Aは、Bに勝った。

イ　Cは、Aに勝った。

ウ　Eは、Cに負けた。

エ　Gは、Dに負けた。

オ　Hは、Cに勝った。

❶　Aは、Eと対戦した。

❷　Bは、Fと対戦した。

❸　Cは、Gと対戦した。

❹　Dは、Hと対戦した。

❺　Dは、準優勝した。

特別区経験者採用2010

解説　正解 4

　トーナメント戦の問題です。トーナメント表を見ると、全チームが平等に1回戦から戦うので、どの位置から勝ち上がっても構いません。ですから、勝ち上がり方をあらかじめ決めておくとよいでしょう。また、何回戦かも書き入れておくとよいでしょう。

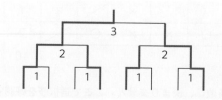

　リーグ戦と異なり、トーナメント戦では条件をすぐに表に書き入れることはできません。ですので、まずは条件を記号化しておくとよいでしょう。

　上位進出者は一見わかりにくいですが、登場回数の多いCに着目しましょう。

CはA、E、Hの3人と戦っています。また、トー
ナメント表からわかるように最大で3回戦までしかあ
りません。ということは、**Cは3回戦（決勝戦）に進
出している**ことがわかります。

また、**負けたのは最後**ですから、CとHの試合が3
回戦となり、Cは3回戦でHに負け準優勝だったこと
がわかります。ということはHが優勝ですね。Cと
A、CとEが戦った順番はまだわかりません。

条件ア　A ○ － B ×
条件イ　C ○ － A ×
条件ウ　C ○ － E ×
条件エ　D － G ×
条件オ　H ○ － C ×

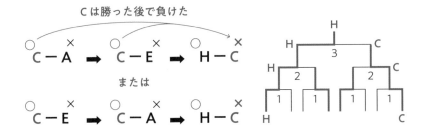

次に、AはB、Cの2人と戦っています。AはBに勝ってCに負けています。負
けたのは最後ですから、AとCが戦ったのが2回戦、AとBが戦ったのが1回戦と
なります。ということは、Cの1回戦の相手はEとわかりますね。

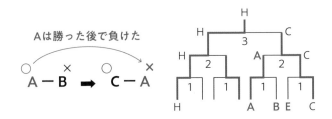

残った条件エを考えると、まだ対戦者が2人とも決まっていないのは、**左から2
番目の1回戦**なので、ここでDとGが対戦したことがわかります。ということは、
Hの2回戦の相手はD、Hの1回戦の相手はFとなります。

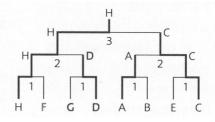

　以上をふまえて選択肢を検討すると、「**Dは、Hと対戦した**」ことは確実にいえるので、正解は❹です。

CHAPTER 6

その他の判断推理

他にも判断推理にはテーマがいくつかありますが、ここでは、早めに学習をしておいたほうがよいと思われる２つのテーマを紹介します。

Section 1 嘘つき

ここでは嘘つき問題について学習します。独特なテーマですが、解法は最も単純です。正直者か嘘つきしかいませんから、どちらかで仮定して場合分けすればよいのです。

1 嘘つき

1 嘘つきの問題とは

　複数の人が個々に発言する中で、**何人かが嘘の発言をする**という出題形式です。そこから嘘をついている人や事実の内容などを明らかにする問題です。

2 嘘つきに関する発言

　例えばAが「Bは正直者だ！」と発言したケースを考えてみましょう。Aが正直者か嘘つきかはわかりませんので、2通り考えてみます。**Aが正直者なら**「Bは正直者だ！」と言っていますから、**Bも正直者**です。**Aが嘘つきなら**「Bは正直者だ！」は嘘になりますから、Bは正直者ではない、つまり**Bは嘘つき**となります。

　他の人物を「正直者だ」とする発言があれば、正直者と言った人物と言われた人物について、**2人とも正直者であるか、2人とも嘘つきであるか**のど

ちらかであることがわかります。

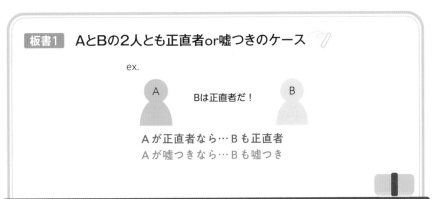

板書1　AとBの2人とも正直者or嘘つきのケース

ex.

A　　　Bは正直者だ！　　　B

Aが正直者なら…Bも正直者
Aが嘘つきなら…Bも嘘つき

　これと対照的に、Aが「Bは嘘つきだ！」と発言したケースを考えてみましょう。Aが正直者か嘘つきかはわかりませんので、2通り考えてみます。Aが正直者なら「Bは嘘つきだ！」と言っていますから、Bは嘘つきです。Aが嘘つきなら「Bは嘘つきだ！」は嘘になりますから、Bは嘘つきではない、つまりBは正直者となります。

　他の人物を「嘘つきだ」とする発言があれば、嘘つきと言った人物と言われた人物について、2人のうち一方は正直者で他方は嘘つきになることがわかります。

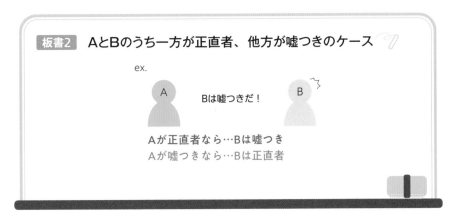

板書2　AとBのうち一方が正直者、他方が嘘つきのケース

ex.

A　　　Bは嘘つきだ！　　　B

Aが正直者なら…Bは嘘つき
Aが嘘つきなら…Bは正直者

2 嘘つきの問題の解き方

1 「正直者」または「嘘つき」と仮定して、他の発言を確認していく

　複数人が発言している中で、その中に嘘つきが含まれているとしても、すぐに誰が嘘をついているのかを見抜くことはできません。そこで、先ほどのように「〇〇が嘘をついているなら…」と仮定してみます。そうすると、必ずといっていいほど、その仮定が別の人の発言に影響します。そこで、その人の発言が正しいのか、嘘なのかがわかります。そして、例えば、正しいとわかれば、また、別の人の発言に影響していきます。

　このように発言を見ていき、発言の相互に矛盾がなければ、その仮定は正しいことがわかります。しかし、矛盾が生じればその仮定は正しくないので、改めて、別の仮定をして再度検討していくことになります。

2 正直者の発言のほうが事実を特定しやすい

　発言の内容次第ではありますが、おおむね「正直者の発言」のほうが事実を特定しやすいです。例えば以下のようなケースですね。

板書3　「正直者の発言」のほうが事実を特定しやすい

ex. A〜Eの5人で徒競走をしたとき

A

Bは1位だった！

Aが正直者なら…Bは1位で決まり
Aが嘘つきなら…Bは2位か3位か4位か5位

　正しい発言なら、「Bは1位」ということで決まるのですが、嘘の発言なら、「Bは2位か3位か4位か5位のどれか」ということまでしかわかりま

せん。

このように、嘘の発言は「それ以外の何か」ということなので、発言
次第では絞り込みができないのです。ですから、原則としては正しい
発言を中心に検討したほうが解きやすいです。

具体的な例で考えていきましょう。

> **例 1** A〜Cの3人は、野球部、サッカー部、柔道部のうち、いずれか異
> なる1つの部活動に所属している。次のA〜Cの発言のうち1人だけ
> が嘘をついているとき、Bの所属している部活動はどれか。
>
> A 「Cはサッカー部ではない」
> B 「Aの言っていることは嘘だ。また、Aは柔道部である」
> C 「Aはサッカー部で、私は野球部ではない」

Bの発言に着目しましょう。Bは前半で「**Aの言っていることは嘘だ**」と
発言しています。したがって、**Bが正直者なら、Aは嘘つき**ですね。そして
嘘つきは1人ですから、Bが嘘つきなら、Aは正直者となります。では、B
が正直者であるケースと嘘つきであるケースで仮定して考えていきます。

〈Bが正直者であるケース〉

Bは正直者ですから、Bの発言からAは嘘つき、Aは柔道部であることが
わかります。

A	B	C
嘘つき	正直者	
柔道部		

嘘つきは1人ですから、残りのCは正直者となります。Cは正直者ですか
ら、Cの発言からAはサッカー部となりますが、このケースだと、Aの所属
する部活動が柔道部とサッカー部の2つとなり、条件に反します。

A	B	C
嘘つき	正直者	正直者
柔道部 サッカー部		

〈Bが嘘つきであるケース〉

　Bは嘘つきですから、残りのAとCは正直者となります。このとき、Bが2つの発言をしていることに注意しましょう。Bの発言の前半「Aの言っていることは嘘だ」は、Aが正直者なので嘘です。ただ、後半の「Aは柔道部である」に対しても嘘をついているかどうかはこの段階ではわかりません。もしかしたら前半だけで嘘をつき、後半は嘘をついていないかもしれないのです。

> このように嘘つきが2つの発言をした場合、一方だけ嘘であるときと、2つとも嘘であるときがありはっきりしません。そして、それに応じて正しい内容もはっきりしません。ですから、正直者の発言のほうから考えるようにするとよいのです。正直者は常に正しいことしか言っていませんから。

　Aは正直者ですから、Aの発言からCはサッカー部ではありません。また、Cも正直者ですから、Cの発言からAはサッカー部でCは野球部ではありません。

A	B	C
正直者	嘘つき	正直者
サッカー部		サッカー部× 野球部×

　したがって、Cの所属する部活動は柔道部となりますから、Bの部活動は

216

野球部となります。特に条件に反していません。

A	B	C
正直者	嘘つき	正直者
サッカー部	野球部	柔道部

　Bの所属する部活動は**野球部**です。ちなみに、Bの発言の後半も嘘だったことがわかります。

Section 2 暗　号

こんなことを学習します

20,15,11,25,15　TOKYO?

ここでは暗号の問題について学習します。暗号の問題では、平文の表記を見つけなければ解法は進みません。見つけ方をしっかりと学習しましょう。また、暗号の問題が出題される試験種はかなり絞られます。代表的な試験種としては特別区くらいで、他の試験種ではほとんど出題が見られません。

1 暗　号

1 暗号の問題とは

　暗号の問題は、元の言葉（平文）が暗号文に変換される際のルールを見つけて、暗号文を解読するという出題形式です。定番の考え方があるので、まずはそれをマスターしましょう。

2 平文の表記

　暗号化のルールを見つけるうえで意識すべきことが「かな」と「アルファベット」です。例えば、問題文に「東京」と書かれてあっても、この漢字表記の「東京」そのものが平文となり暗号化されていることはまれです。したがって、かな表記の「とうきょう」かアルファベット表記の「TOKYO」のどちらかが平文として使われるのが大半です。

ex.

平文		暗号文
TOKYO	⟶	20,15,11,25,15

一定のルールで表すと…

2 暗号の問題の解き方

1 平文の表記を見つける

　平文の表記は「かな」または「アルファベット」のどちらかですが、それを決める手がかりになるのが、問題文に与えられる平文と暗号文の組合せ例です（ここでは、まだどちらが平文かは不明です）。通常、この例は２つ与えられ、文字数の対応で平文が「かな」なのか「アルファベット」なのかを判断します。また、判断しにくいときは、全く同じ部分や連続する部分に着目するとよいです。この辺りは、後の例で説明します。

2 ルールの読み取り

　「かな」のケースと「アルファベット」のケースでは、以下のように考えます。ここでも、全く同じ部分や連続する部分に着目するとよいです。

板書4	暗号化のルール
原文が「かな」	子音と母音に分けることが多いです。 例）「とうきょう」なら「タ行オ段」、「ア行ウ段」、「カ行イ段」、「ヤ行オ段」、「ア行ウ段」と分ける
原文が「アルファベット」	アルファベット順で考えることが多いです。 例）「TOKYO」ならアルファベットの順番で「20番目」、「15番目」、「11番目」、「25番目」、「15番目」

もちろん、そこまで単純な問題ばかりではありませんが、典型として覚えておくとよいでしょう。

具体的な例で考えていきましょう。

> **例2** ある暗号で、「さくら」が「A3、C2、A9」、「うめ」が「C1、D7」と表されるとき、「E2、C3、E7、C3」で表される花は何か。

❶ 平文の表記を見つける

まずは平文の表記から考えます。「さくら」は「かな」3文字、ローマ字ならSAKURAで「アルファベット」6文字です。同様に「うめ」は「かな」2文字、ローマ字ならUMEで「アルファベット」3文字です。一方、暗号文は「さくら」がアルファベットと数字の組合せ3組、「うめ」がアルファベットと数字の組合せ2組です。文字数でいうと「かな」のほうが暗号文とうまく対応していると推測できます。そこで、平文は「かな」だと考えて、ルールを見つけていきましょう。

❷ ルールの読み取り

「かな」のルールは、子音と母音に分けると見つかることがよくあります。そこで、以下のように「さくら」と「うめ」を子音と母音に分けて、暗号文と見比べてみましょう。

平文	さ	く	ら	う	め
子音と母音	サ行ア段	カ行ウ段	ラ行ア段	ア行ウ段	マ行エ段
暗号文	A3	C2	A9	C1	D7

ルールの読み取りのコツは、同じものや、連続するものに注目することです。

例えば、母音から考えてみます。母音が同じア段である「さ」と「ら」は暗号が「A3」と「A9」で「A」が共通しています。同様に、母音が同じウ段である「く」と「う」は、暗号が「C2」と「C1」で「C」が共通してい

ます。しかも、「ア段」が「A」で「ウ段」が「C」、さらに「エ段」の「め」は「D7」で「D」ですから、「ア段→イ段→ウ段→エ段→オ段」で「A→B→C→D→E」と対応しているのではないか、と推測できます。

平文	さ		く		ら		う		め	
子音と母音	サ行	ア段	カ行	ウ段	ラ行	ア段	ア行	ウ段	マ行	エ段
暗号文	A	3	C	2	A	9	C	1	D	7

　子音も考えましょう。ここは**連続するもの**から確認します。「う」、「く」、「さ」は子音が「ア行」、「カ行」、「サ行」で、暗号が「C1」、「C2」、「A3」です。「1」、「2」、「3」と続いているので、「ア行→カ行→サ行→タ行→ナ行→…」で「1→2→3→4→5→…」と対応しているのではないか、と推測できます。

平文	さ		く		ら		う		め	
子音と母音	サ行	ア段	カ行	ウ段	ラ行	ア段	ア行	ウ段	マ行	エ段
暗号文	A	3	C	2	A	9	C	1	D	7

　暗号文と母音・子音の対応を表にまとめると、以下のようになります。

	ア行	カ行	サ行	タ行	ナ行	ハ行	マ行	ヤ行	ラ行	ワ行
ア段	A1	A2	A3	A4	A5	A6	A7	A8	A9	A0
イ段	B1	B2	B3	B4	B5	B6	B7		B9	
ウ段	C1	C2	C3	C4	C5	C6	C7	C8	C9	
エ段	D1	D2	D3	D4	D5	D6	D7		D9	
オ段	E1	E2	E3	E4	E5	E6	E7	E8	E9	E0

そこで、ここから「E2、C3、E7、C3」を解読しましょう。

暗号文		E	2	C	3	E	7	C	3
母音	子音	オ段	カ行	ウ段	サ行	オ段	マ行	ウ段	サ行
平文		こ		す		も		す	

よって、花は「**コスモス**」です。

もう1つ、別のパターンの例も考えてみましょう。

> **例3** ある暗号で、「赤」が「vih」、「白」が「almxi」と表されるとき、「fpyi」で表される色は何か。

❶ 平文の表記を見つける

まずは平文の表記から考えます。「赤」は「あか」で**「かな」2文字**、ローマ字ならAKAで**「アルファベット」3文字**、英語ならredで**「アルファベット」3文字**です。同様に「白」は「しろ」で**「かな」2文字**、ローマ字ならSHIROで**「アルファベット」5文字**、英語ならwhiteで**「アルファベット」5文字**です。一方、暗号文は「赤」がアルファベット**3文字**、「白」がアルファベット**5文字**なので、ローマ字か英語の「アルファベット」が対応していると推測できるでしょう。ただ、ローマ字だとすると、AKAは1文字目と3文字目が**同じ「A」**ですが、暗号文は「v」と「h」ですから、対応しているようには見えません。したがって、平文はローマ字ではなく**英語の「アルファベット」**だと考えて、ルールを見つけていきましょう。

❷ ルールの読み取り

「アルファベット」のルールは、**アルファベット順**が関連することがよくあります。以下のように「赤」と「白」を英語でアルファベットにして、暗号文と見比べてみましょう。

平文	r	e	d	w	h	i	t	e
暗号文	v	i	h	a	l	m	x	i

平文の「e」が暗号文の「i」で2回出てきているので、おそらくこの対応は間違いないでしょう。そして、平文の「e」から暗号文の「i」は、「e→f→g→h→i」のように、アルファベット順に4個後ろにずれています。同じように考えてみると、他のアルファベットも同様です。例えば、平文の「r」から暗号文の「v」は「r→s→t→u→v」と後ろに4個ずれています。したがって、平文から暗号になる際に、アルファベット順に後ろに4個ずれていると推測できます。

　平文と暗号文のアルファベットの対応を表にまとめると、以下のようになります。

平文	a	b	c	d	e	f	g	h	i	j	k	l	m
暗号文	e	f	g	h	i	j	k	l	m	n	o	p	q

平文	n	o	p	q	r	s	t	u	v	w	x	y	z
暗号文	r	s	t	u	v	w	x	y	z	a	b	c	d

　そこで、ここから「fpyi」を解読しましょう。

暗号文	f	p	y	i
平文	b	l	u	e

　よって、「blue」となるので、色は「青」です。

CHAPTER 6　過去問チェック！

問1　Section 1 **2**

　A〜Eの5人が次のように発言したが、このうち、正しい発言は2人だけで、他の3人の発言には誤りがあった。このことから確実にいえるのは次のうちではどれか。

A　「CとDは知り合いどうしである。」
B　「私は誰とも知り合いではない。」
C　「Aの言っていることは正しい。」
D　「私は、Cと知り合いではない。」
E　「Dの発言は誤っている。」

❶　AとCが言ったことは正しい。
❷　BとDが言ったことは正しい。
❸　CとEが言ったことは正しい。
❹　AとDが言ったことは誤りである。
❺　BとEが言ったことは誤りである。

海上保安学校学生特別2008改題

解説　正解2

　「誤り＝嘘つき」と変換できるので、嘘つきの問題です。

　特徴的な発言がありますね。Cは「Aの言っていることは正しい」と言っており、Eは「Dの発言は誤っている」と言っています。これらの発言から以下のケースが考えられます。

<table>
<tr><td colspan="2">AとCについて</td><td colspan="2">DとEについて</td></tr>
<tr><td>{</td><td>A・Cともに正しい
A・Cともに誤り</td><td>{</td><td>Dは正しく、Eは誤り
Dは誤りで、Eは正しい</td></tr>
</table>

　正しい発言をしたのは2人ですから、A、Cの組合せで考えたほうがよさそうです。そこで、仮定して発言を検討していきます。

〈A、Cがともに正しいケース〉

　正しい発言は2人だけですので、残りのB、D、Eは誤りがある発言をしています。しかし、先ほど確認したようにDとEの両方が誤りのある発言をすることはあり得ませんね。よって、このケースは条件に反します。

〈A、Cがともに誤りのケース〉

　もう1人誤りのある発言をしていますが、まだ特定できませんので、Aの発言から事実を考えてみましょう。Aの発言は誤りですから、「CとDは知り合いどうしである」と言っていますが、事実は「CとDは知り合いどうしではない」となります。これを受けてDの発言を見てみると、Dは「私は、Cと知り合いではない」と言っています。これは、正しい発言ですよね。したがって、Dは正しい発言をする人とわかります。

A	B	C	D	E
誤		誤	正	

　そうすると、「Dの発言は誤っている」と言ったEの発言は誤っていることがわかり、残ったBが正しい発言をする人となります。

A	B	C	D	E
誤	正	誤	正	誤

　以上をふまえると、正解は❷です。

問2 Section 2 2

　ある暗号で「いぬ」が「23、12、20」、「ねこ」が「24、26、7」で表されるとき、同じ暗号の法則で「21、12、3」と表されるのはどれか。

❶　「らいおん」

❷　「きつね」

❸　「くま」

❹　「しか」

❺　「ぶた」

特別区Ⅲ類2019

解説　正解2

　暗号の問題であることは明らかですね。

　まずは平文の表記を考えます。「いぬ」も「ねこ」も暗号文は数字3個でできています。文字数の対応からすると、「いぬ」も「ねこ」も「かな」だと2文字なので、平文が「かな」である可能性は低そうです。ローマ字でも「INU」、「NEKO」でアルファベット3文字と4文字ですから、平文が「ローマ字」である可能性も低そうですね。ここは英語の「DOG」、「CAT」で考えてみましょう。どちらもアルファベット3文字ですから、対応している可能性が高そうです。したがって、英語のアルファベット1文字につき数字1個の対応ではないかと推測します。

　では、ルールを見つけていきます。以下のように英語のアルファベットと暗号文の数字を並べてみましょう。

平文	D	O	G	C	A	T
暗号文	23	12	20	24	26	7

　ルールに気づくポイントとしては、平文が連続するものや近いものでしょう。例えばCとDは連続していますし、AとGもアルファベット順で近いですね。このあたりから、平文のA～Gと暗号文をアルファベット順に並べ直してみます。

平文	A	B	C	D	E	F	G
暗号文	26	?	24	23	?	?	20

これで気づけるでしょうか。「Ａ＝26」からスタートして、アルファベット順に**数字が１ずつ減っています**。これがルールですね。ちなみに、アルファベットは全部で26個ありますから、**26という数字がカギになる**こともあります。念のため覚えておくとよいでしょう。

　では、「21、12、3」を解読しましょう。答えを出すだけですから、**すでにわかっている近い数字から寄せていくのが簡単**だと思います。

　まず「21」ですが、すでに「20」が「Ｇ」だとわかっています。アルファベット順に数字が１ずつ減っているルールなので、「21」は「Ｇ」の１つ手前の「Ｆ」です。次に「12」ですが、これはそもそも「Ｏ」が「12」だとわかっています。最後に「3」ですが、すでに「Ｔ」が「7」だとわかっていますから、「3」は「Ｔ」の４個あとなので、「Ｘ」です。

　よって、「FOX」は「**きつね**」ですから、正解は**❷**です。

第3編
空間把握

CHAPTER 1

正六面体

空間把握ではさまざまな立体が登場します
が、代表的なものが「正六面体」です。
正六面体にまつわる知識を押さえて、問
題を解く際に使えるようにしましょう。

正六面体

こんなことを学習します

ここでは正六面体について学習します。問題を解くための正六面体の定義・性質について触れます。

1 正六面体

　大きさが同じ6面の正方形で作られ、1つの頂点に集まる面の数がいずれも3面となる立体を正六面体（せいろくめんたい）といいます。みなさんが知っている立方体（りっぽうたい）のことです。

> どの面も種類・大きさが同じ正多角形でできて、かつ、1つの頂点に集まる面の数がすべて同じ立体を正多面体といいます。正多面体には、正六面体を含めて5種類ありますが、最も出題頻度が高い正六面体から学習を始めましょう。

板書1 正六面体の見取図

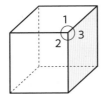

正方形が**6面**
1つの頂点に集まる面は**3面**

上の図のように、見たままの形で立体図形を表した図を見取図といいます。

2 正六面体の面・頂点・辺の数

　正六面体に関する知識をストレートに問う問題は少ないのですが、面・頂点・辺の数を覚えておくと問題を解く手がかりになることがあります。見取図を見ながら確認していきましょう。

　まず、面の数は「正六面体」という名称のとおり正方形が6面です。

　また、頂点の数は8個、辺の数は12本です。

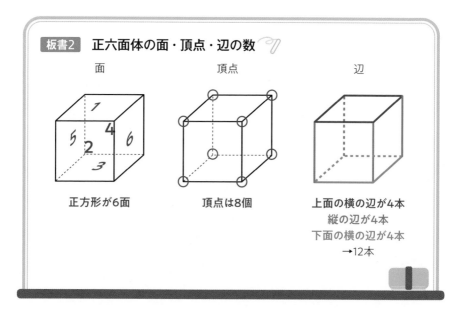

板書2　正六面体の面・頂点・辺の数

面

正方形が6面

頂点

頂点は8個

辺

上面の横の辺が4本
縦の辺が4本
下面の横の辺が4本
→12本

Section 2　正六面体の展開図

こんなことを学習します

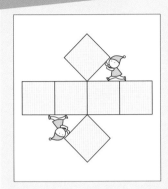

ここでは正六面体の展開図について学習します。最も多い出題形式が、「正しい展開図を考える」ものです。実際に展開図を組み立てることはできませんから、いかに展開図だけで考えることができるかが勝負どころです。想像ではなく機械的に問題を扱うようにしていきましょう。

1 展開図

立体図形を見たままの形で表した図のことを見取図といいました。この立体図形を、辺で切り開いて広げた形で表した図のことを展開図といいます。

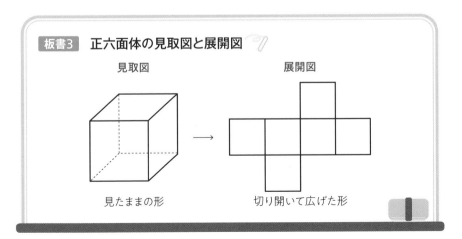

板書3　正六面体の見取図と展開図

見取図

展開図

$\longrightarrow$

見たままの形

切り開いて広げた形

空間把握においては体積を求めるような問題は出てきません。特に多いのが、「正しい展開図はどれか」、「同じ展開図になっているのはどれか」のように、純粋に展開図の形を問うケースです。

ちなみに、展開図を組み立てるときは、通常山折りです。谷折りだと考えて内側に折り込んでしまうと、表面に描かれている図柄などが全部内側に折り込まれて見えなくなってしまいます。注意してくださいね。

山折りにすること

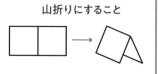

2　展開図に関連する知識

　問題を解く際に知っておくべき知識が、展開図の状態で①「平行な2面」はどの位置にあるか、②これを組み立てたときにどの面とどの面が接するのか、③1つの頂点に集まる面の数は何面か、の3点です。これらは正多面体ごとに決まっていますが、まずは、正六面体で確認していきましょう。

1　平行な2面

　正六面体の展開図にはさまざまなパターンがありますが、例えば、以下のような形があります。なお、正方形は他の正方形と辺で接している状態でなければいけません。これが完全に離されてしまうと、展開図とはいえないので注意してくださいね。

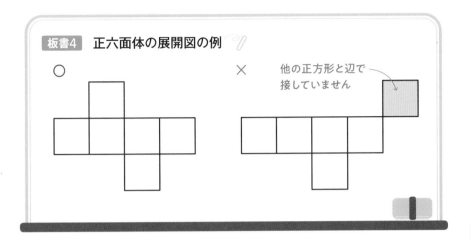

では、平行な２面を確認しましょう。正六面体は、以下のように上面と下面、前面と後面、左面と右面の３組が平行な２面です。

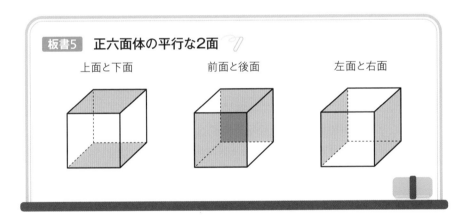

これが展開図になるとどの位置にくるのか、確認できるようにしてください。展開図において、平行な２面の位置は一列に並んだ３面の正方形の両端です。以下の赤と青で示した面どうしが平行な２面です。

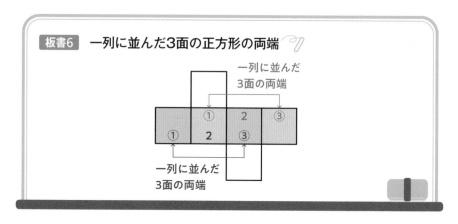

板書6 一列に並んだ3面の正方形の両端

一列に並んだ
3面の両端

① 2 ③

① 2 ③

一列に並んだ
3面の両端

　では、残りの2面はどうでしょうか。残りの2面は「一列に並んだ3面の正方形の両端」という位置にはありません。

　このような場合、展開図を変形させることで、一列に3面並んだ形にしてみましょう。そこで登場するのが、組み立てたときにどの面とどの面が接するのかという知識です。組み立てたときに接するのであれば、面の位置を変えることも可能なのですね。

2 組み立てたときに接する2面

　正六面体の場合、90°で開いている2面は組み立てたときに必ず接します。ということは、面を90°分だけ回転移動することができ、面の位置を変えることができます。例えば、**板書7** の下側にある面③を左に90°分だけ回転移動させることができます。これで「一列に並んだ3面の正方形」を作ることができます。

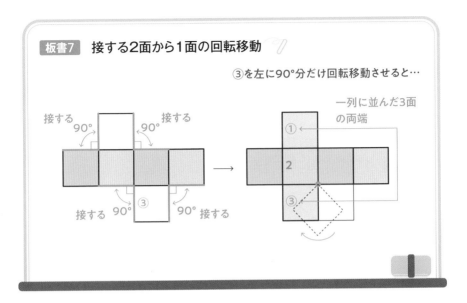

なお、面が他の面と完全に切り離されない限り、2面以上を一度に回転させることもできます。例えば、以下のような変形もできます。

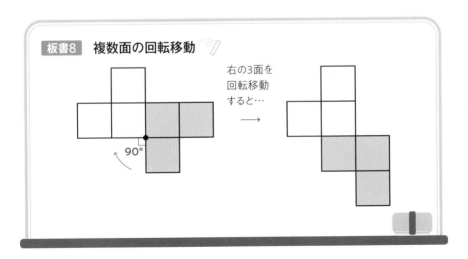

このように、展開図はもとの形のままだと検討しにくいことが多いので、回転移動させて変形しながら考えていきます。これが展開図の問題の基本的

な解き方です。

3 1つの頂点に集まる面の数

正六面体の場合、1つの頂点に集まる面の数は3面ということをSection1で説明しましたが、展開図で示すと以下のようになります。

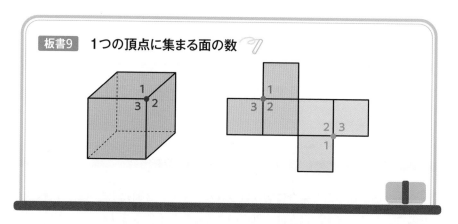

板書9　1つの頂点に集まる面の数

集まっている面の組合せに着目するような問題もありますから、これも必ず覚えておきましょう。

Section 3　正六面体の切断

こんなことを学習します

ここでは正六面体の切断について学習します。立体をある点を通るように切断するときの切断面を考えますが、これも想像で考えてはいけません。必ず、切断面を知る方法があるのです。そのために、表面に表れる切断線の引き方をマスターしましょう。

1　切断面の代表例

　代表例の形がストレートに聞かれることはほとんどありません。やはり問題を解く際の手助けになることが多いといえます。

　正六面体を切断したときの切断面として代表的なのが、以下の4つです。

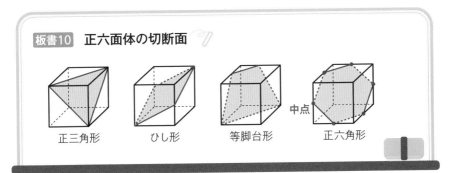

板書10　正六面体の切断面

正三角形　　　ひし形　　　等脚台形　　中点　正六角形

特に、正六角形は正六面体の辺の中点を6か所結ぶことでできます。これらの形は覚えておきましょう。

2 切断面の描き方の手順

代表例も紹介しましたが、切断面は実際に描いて検討するケースが多いといえます。そこで、描き方を説明しましょう。

ちなみに、ここで紹介するのはあくまで「切断」であって、立体の表面に切断線が描かれる形です。「貫通」ではないので、立体の内部を突っ切るような図は描かないでくださいね。

描き方の手順としては、大きく2点あります。

① 同一平面上に点が2つあるときは、これを直線で結びましょう。この直線か切断線となります。
② ①で描いた切断線と平行な面に点があるときは、その点から同じように平行な直線を引きます。つまり、平行な2面に引いた切断線も平行になります。

具体的な例で考えていきましょう。

右のような正六面体を、頂点A、B、辺の中点Cを通るように切断するとき、切断面の形を答えよ。

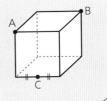

切断の問題では、上記のように切断線が通る点が示されます。**通る点をふまえて描いていきましょう**。

まず、**同一平面上**にある点が上面にある**AとB**、さらに前面にある**AとC**です。これを**直線で結びましょう**。これが切断線になります。

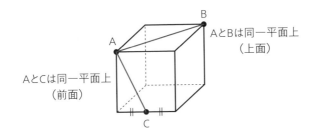

AとBは同一平面上
（上面）

AとCは同一平面上
（前面）

次に、先ほど引いた直線ABがある上面と**平行な面**を確認します。上面と平行な下面には**点C**がありますね。そこで、**上面で引いた直線ABと平行な直線を点Cから引きましょう**。その際、平行線でなければいけませんので、傾きに注意してください。以下のように、「**AからBまで直線を引くのに、直線がどれくらいの傾きで引かれているか**」を確認しながら描くとよいでしょう。直線ABは対角線上に引かれているので、これはわかりやすいと思います。

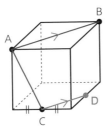

AからBまで
右に1辺、奥に1辺移動

Cからも同様の
傾きで直線を引く

右に $\frac{1}{2}$ 辺、奥に $\frac{1}{2}$ 辺移動

Cから直線を引くと辺にぶつかります。ぶつかったところも点になるので、点Dとしておきましょう。

これで、BとDが右面で同一平面上にありますから、これを直線で結んで完成です。

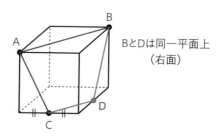

BとDは同一平面上
（右面）

切断面はABとCDが平行なので台形（等脚台形）になりますね。

実際に出題される問題では、上記のような1個の正六面体ではなく、複数個が並べられた立体になります。そのような場合でも、描き方の原則は変わりません。

Section 4 サイコロ

こんなことを学習します

ここではサイコロの問題について学習します。立体図形は、できるだけ平面に落とし込んで考えることが大切です。サイコロの持つ情報は「五面図」という平面図に落とし込んで考えていきます。

1 サイコロの問題とは

　サイコロを題材にする問題で出題されるテーマの1つに、「**サイコロを転がす**」問題があります。サイコロを転がすことで目の数を考えさせますが、サイコロは必ず辺に沿って滑らせずに90°回転させます。普通は問題文に書いてありますので、確認してください。

目の位置などを答えさせる

なお、注意点として、サイコロの問題では、市販のサイコロと異なり、平行な2面の目の和が7とは限らないので気をつけてください。ですから、平行な2面はその都度確認することになります。Section 2で勉強した知識を使っていくわけですね。

2 サイコロの問題の解き方

サイコロの問題では、面の位置の把握が非常に重要です。把握しやすい表し方を覚えて、これを使えるようにしましょう。

1 「五面図」を使う

サイコロを転がすと、面の位置が把握しにくくなってしまいます。しかも見取図では平行な2面が同時に見えません。そこでよく使われるのが**五面図**と呼ばれるものです。サイコロを上からペチャンコに押し潰したような図で、これを使うことでサイコロの上・左右・前後の5面を一度に把握することができます。なお、下面は図中に書くことができないので、通常は外側にカッコで表します。

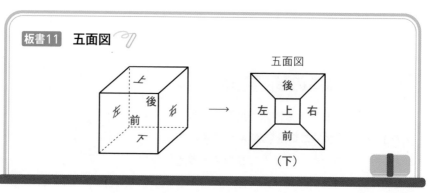

これを使って、見えない面の状況を把握します。どのように五面図を描いていくか、以下の例で手順を紹介しましょう。

> 例2   以下の展開図を五面図に表すとどうなるか。
>
>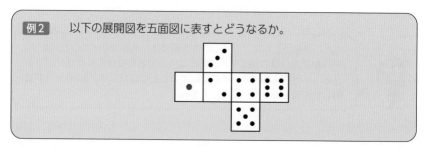

246

多くの問題では「展開図をヒントに五面図を描いていく」という流れになります。ですから、**展開図から五面図が描けるようにしましょう。**

まずは上面を決めましょう。どこを上面にすればよいかは、問題からすぐに読み取れないことも多いので、基本的にどこでも構いません。ここでは、**2の目を上面**にしてみましょう。

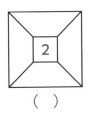

（　）

 ちなみに、サイコロの目のうち⚁⚂⚃には目の向きがあります。難易度の高い試験になると目の向きの考慮も必要になることがありますが、原則として目の向きは気にせず、目の数を数字で書き入れましょう。

次に、**2の目と接している面や、平行な2面を確認**します。展開図によれば、2の目に接しているのは1の目、4の目、3の目です。そこで、これを五面図に書き加えます。展開図に合わせて、2の目の左にある1の目を左面に、2の目の右にある4の目を右面に、2の目の上にある3の目を後面に書き入れましょう。

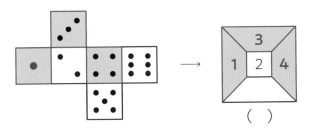

（　）

あとは5と6の目です。まず、上面と下面は平行ですから、上面の2の目と平行な下面の目を調べましょう。平行な2面は一列に並んだ3面の正方形の両端なので、展開図によれば、2の目と平行なのは6の目です。よって、

下面の目は6です。

　また、5の目は展開図を変形して、左に90°回転させると、3の目と平行であることがわかります。後面の3の目と平行な前面が5の目ですね。

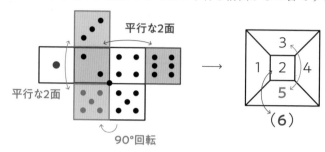

　これで完成です。以上のように、五面図を描くためには、平行な2面の確認など、正六面体にまつわる知識が必要になります。必ず復習するようにしましょう。

2 サイコロが転がる際の特徴

　サイコロを転がしていく際に、1回ずつ転がして面の状況を確認していくと大変な時間と労力がかかります。そこで特徴を覚えてしまいましょう。

　まず、サイコロを前後に転がすと、左右の面の目は変わらず、サイコロを左右に転がすと、前後の面の目は変わりません。これはすぐ判断できるようにしてください。

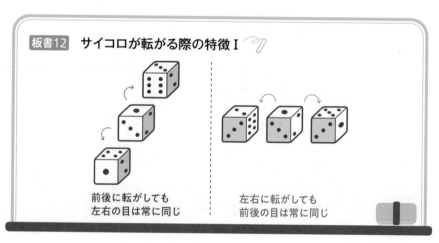

板書12　サイコロが転がる際の特徴Ⅰ

前後に転がしても
左右の目は常に同じ

左右に転がしても
前後の目は常に同じ

また、サイコロは**同じ方向に4回転がすと同じ目の配置に戻ります**。ですから、同じ方向に何回も転がすような問題では**4回転で1セット**と覚えておけば、手間が省けます。例えば、左に5回転がすのは、左に1回転がすのと目の配置が同じです。また、**前に3回転がすのは、後ろに1回転がすのと目の配置が同じです**。

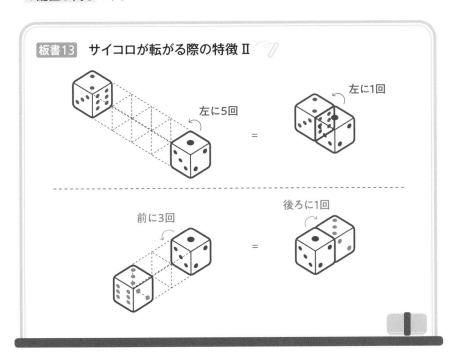

板書13　**サイコロが転がる際の特徴 Ⅱ**

左に5回

左に1回

＝

前に3回

後ろに1回

＝

　上記のように実際に見取図を描きながら検討するのは大変ですから、**五面図の状態で転がせるように**練習していきましょう。

CHAPTER 1　過去問チェック！

問1　Section 2　**2**

次の展開図のうち、組み立てたとき立方体にならないのはどれか。

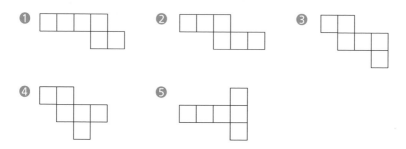

刑務官2008

解説　正解 1

　立方体（正六面体）の展開図の問題です。組み立てられないものを探すだけなので、単純な問題です。

　展開図の問題が出てきたら、まず確認してほしいのが「**平行な2面**」です。サイコロのような立方体を考えてもらえればわかるとおり、**平行な面は必ず2面1組で、これが3面1組になることはありません**。ですから、平行な2面が正しくできているかどうかを確認してみましょう。**❷**〜**❺**を先にチェックしてみます。

　❷は、以下のように⑦と⑦の組合せは平行な2面です。

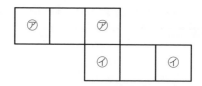

　さらに、右下の3面を左に90°回転移動してみましょう。

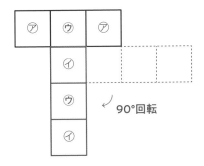

これで⑦の2面の組合せも正しく平行な2面になっていることがわかります。したがって、❷は平行な2面の組合せは適切です。

❸も⑦〜⑰の平行な2面の組合せは適切です。

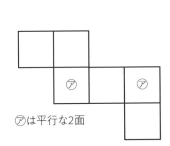

⑦は平行な2面

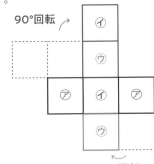

④も⑰も平行な2面

❹も⑦〜⑰の平行な2面の組合せは適切です。

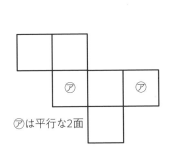

⑦は平行な2面

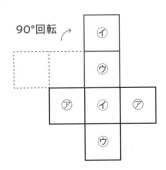

④も⑰も平行な2面

❺も、回転移動させなくても㋐～㋒の平行な2面の組合せは適切であることがわかります。

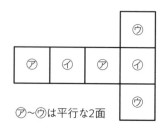

㋐～㋒は平行な2面

❶だけは平行な2面をチェックすると、2面1組にならない組が出てきてしまいます。まず、回転移動させる前の段階で、㋐と㋑は平行な2面です。

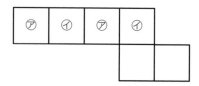

しかし、右下の2面を左に90°回転させると、以下のようになります。

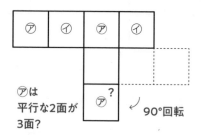

㋐は
平行な2面が
3面？

90°回転

ヨコ並びの㋐と㋐は平行で、タテ並びの㋐と㋐も平行です。つまり、㋐は平行な面が3面1組になってしまいます。したがって、❶は正しい展開図ではないので、正解は❶です。

問2 Section 3 2

　白い材質で出来た同じ大きさの立方体と、黒い材質で出来た同じ大きさの立方体を、それぞれ4個ずつ用いて、図のような一つの立方体を作った。この立方体を、図中の点A、B、Cの3点を含む平面で切断したときの断面として最も妥当なのはどれか。

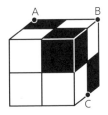

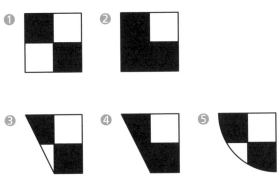

刑務官2019

解説　正解2

　立方体の切断面の問題です。切断面の描き方の手順を使いましょう。まず、**同一平面上の2点**は直線で結びます。**AとB**は上面、**BとC**は右面にありますので、それぞれ直線で結びましょう。

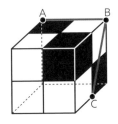

　次に、先ほど引いた直線ABがある上面と**平行な面**である下面を確認します。下面には**点C**がありますね。そこで、上面で引いた直線ABと平行な直線を点Cから下面に引きましょう。点Cから直線を引くと左側にある辺とぶつかります。ぶつか

ったところも点になるので、その点をDとおきましょう。

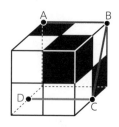

AとDが左面で同一平面上にありますから、これを直線で結んで完成です。

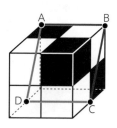

　切断面は平行四辺形ですから、正解は❶か❷のいずれかです。本問は白い立方体4個と黒い立方体4個からできています。いま、黒い立方体は3個しか見えていないので、もう1個は正面から見えない左後方にあります。よって、左後方にある黒い立方体も切断されているので、正解は❷です。

問3 Section 4 **2**

下の図のように、相対する面の目の和が 7 になるサイコロを、南が 1、東が 2、上が 3 になるようにおいた。この状態から、西に 3 回、北に 2 回滑らないように転がしたとき、上の面にくるサイコロの目として、最も妥当なのはどれか。

❶　1
❷　2
❸　3
❹　4
❺　5

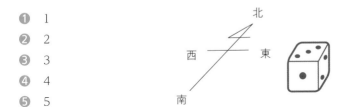

東京消防庁Ⅱ類2016

解説　正解 2

　サイコロを転がす問題です。転がした際の面の状況を把握するために、**五面図**を使っていきましょう。

　まずは、最初の状態を五面図で表します。見取図では前面が 1、上面が 3、右面が 2 であることはわかっています。また、「相対する面の目の和が 7」とあります。「相対する面」とは「平行な 2 面」という意味ですから、平行な 2 面の目の和が 7 になるように、他の面の目も入れましょう。**後面は 6、下面は 4、左面は 5** になります。

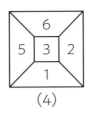

(4)

　ここから、まずは西に 3 回転がしましょう。西に 1 回ずつ 3 回転がしてもよいのですが、4 回転で 1 セットですから、ここでは手間を省きましょう。**西に 3 回と同じ目の配置になるのは、東に 1 回**です。そこで、東に 1 回転がした状況を五面図で表します。このとき、東（＝右）に転がしているので、前後の面の目は位置が変わ

りません。他の上面、右面、下面、左面が1面ずつ右にずれます。

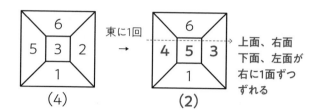

これで西に3回は終わりです。

続いて、北に2回転がしましょう。これは実際に2回転がした状況を描いてみましょう。今度は北（＝後ろ）に転がしているので、左右の面の目は位置が変わりません。他の上面、後面、下面、前面が上にずれます。

これで北に2回も終わりです。上の面にくるサイコロの目は2なので、正解は❷です。

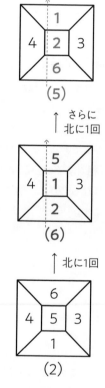

CHAPTER **2**

図形の回転

図形の回転で有名なのは「軌跡」です。軌跡は難易度としては高いほうで、また出題頻度も高く受験生泣かせのテーマです。もう１つの「円の回転数」は公式で解けるので覚えたら勝ちです。

軌　跡

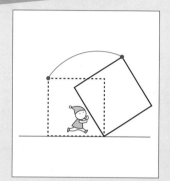

ここでは軌跡について学習します。実際に丁寧に図形を回転させれば何とか答えは見つかります。しかし、「時間内に解く」とい観点からは、果たしてそれだけでいいのかと疑問が残ります。図形を回転させなくても解けるテクニカルな解法も紹介しています。

1 軌跡の問題とは

　図形が回転する際の軌跡（きせき）を題材にする問題全般をいいます。問われ方は多種多様ですが、特に多いのが「**図形に点が打たれており、図形が直線上などを回転する際に点がどのように移動していくか**」を求める形式です。

板書1　**軌跡とは**

例えば…
正方形に打たれた点Pの軌跡

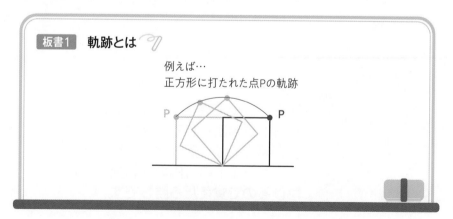

ここでは多角形の軌跡に絞って、紹介していきましょう。他にも円やおうぎ形などの円弧の軌跡がありますが、これらについては、今後の学習で登場してきます。

2 多角形の軌跡の問題の解き方

何となくイメージで解こうとすると、どの選択肢も正解に見えてきます。そのためこのテーマでは、構成している要素を細かく見ていくことが必要です。

1 「中心」、「半径」、「中心角」に着目する

多角形が回転するとき、多角形に打たれた点は円弧を描きます。つまり、**おうぎ形の弧**です。よって、軌跡を考えるとき、おうぎ形の要素である「**中心**」、「**半径**」、「**中心角**」の３点に着目していきます。この３点の確認があれば、どのような軌跡を描くのかを推測することができます。

例えば、先ほど挙げた正方形の点Pが描く軌跡を考えてみましょう。最初の位置から右に１回転がすことを考えてみます。まず、**正方形が支点として転がっていく場所**を確認します。これが、回転の「**中心**」です。次に、**回転の中心から点Pまでの距離**を確認します。これがおうぎ形の「**半径**」です。そして最後に**回転する角度**です。これがおうぎ形の「**中心角**」で、原則として**外角**になります。そうすると以下のようになります。

軌跡は、半径は正方形の対角線、中心角は90°であるおうぎ形の弧となります。それでは描いてみましょう。

あとはこれを繰り返していけばよいのです。もう1回転がしてみると以下のようになります。

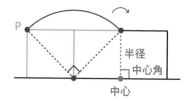

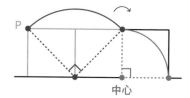

このように、「中心」ごとに円弧が現れるので、軌跡全体は円弧の連続です。

2 慣れてきたら、軌跡を推測してみる

慣れてきたら、だいたいの軌跡を推測できるようにしましょう。軌跡全体は円弧の連続ですから、回転の「中心」がわかれば、そこから半径の長さ、中心角の大きさも推測することができます。

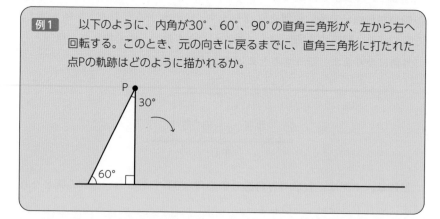

例1　以下のように、内角が30°、60°、90°の直角三角形が、左から右へ回転する。このとき、元の向きに戻るまでに、直角三角形に打たれた点Pの軌跡はどのように描かれるか。

くどいですが、実際に軌跡を描いてみましょう。そこからわかることをあとでまとめてみますね。

　では、直角三角形を右に転がしてみます。必ず「中心」、「半径」、「中心角」を確認してください。まず回転の「中心」は直角の頂点ですね。ここを支点として右に倒れていきます。そして、「半径」は中心から点Pまでの距離です。さらに「中心角」は外角ですから90°になります。

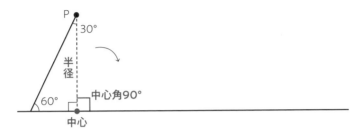

　これをふまえると、以下のような軌跡を描くことができます。転がったあとの直角三角形は、右に90°回転させて、横たわるような形になります。

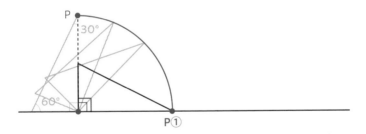

　さらに転がしましょう。しかし、次の回転は、**「中心」がまさに点Pが打たれている頂点そのもの**です。「中心」と点Pが一致しているときは、点Pは移動しませんから、そのままです。直角三角形だけがさらに回転して、以下のようになります。

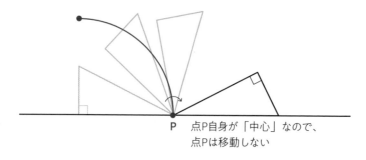

P　点P自身が「中心」なので、
点Pは移動しない

　さらに転がします。必ず「中心」、「半径」、「中心角」を確認してください
ね。まず回転の「中心」は内角が60°の頂点ですね。「中心角」である外角は、
180°から内角の60°を引いた120°になります。

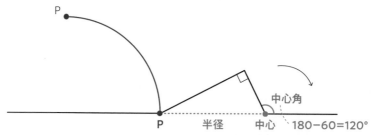

　これをふまえて描き加えると、以下のような軌跡全体がわかります。

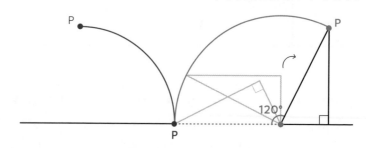

　いま説明したことは、図形を転がさなくても判断できます。図形を右に転
がすと、回転の「中心」は図形上に左回りに現れてきます。「中心」を①、
②、③とすると、以下のようになります。

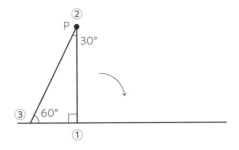

　1つずつ確認してみます。中心①では、「半径」は中心①から点Pまでの距離で、「中心角」は外角の90°です。中心②では、中心と点Pが一致しているので「半径」はゼロ、つまり、**この回転では円弧は現れない**ことがわかります。中心③では「半径」は中心③から点Pまでの距離で、「中心角」は外角の180 − 60 = 120〔°〕です。

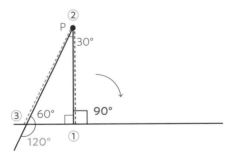

　「半径」については、実際の長さがわかってないケースがほとんどです。なので、大小で比較することが多いです。この例でいえば、**中心①の「半径」＜中心③の「半径」**となります。

> このように、図形を回転させなくても軌跡を推測することができるのです。

空間把握

CH **2**

図形の回転

円の回転数

こんなことを学習します

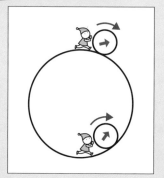

円の回転数を求めるのには公式がありますから、がんばって覚えてほしいです。

1 円の回転数の問題とは

　円が曲線（円弧、円）に沿って転がっていく際に、円自身も回転しますが、その回転数を問う問題です。円が直線上を転がるのであれば単純なのですが、曲線上となると単純にはいきません。また、円は曲線、特に円の場合が多いのですが、その外側だけでなく内側も転がるので、区別して考えます。

板書2　円の回転

ex.
大きな円の外側、
内側をそれぞれ
1周すると、
Aは何回転する？

Ⓐ

Ⓐ

2 円の回転数の求め方

1 円の1回転とは

　例えば、直線上を半径1の円が1回転したときに移動した距離は、**ちょうど円周の長さに等しい**ですから2×1×π＝2πですね。もし、円に 板書2 のように矢印が描かれていたら、移動する前と1回転後の矢印の向きは同じ方向です。ということは、2πの半分の距離のπまで転がったときは、矢印の向きは**逆向き**となり、回転数は半分の$\frac{1}{2}$回転です。

板書3　**円の回転数と移動距離**

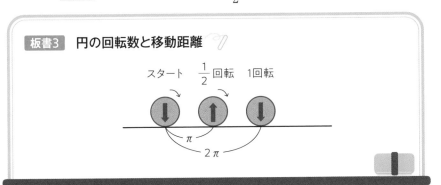

　では、2πの移動は、円のどこが移動した距離なのでしょうか？　それは、「直線と接している部分、つまり、接点の移動だ！」と思っている人は多いでしょう。しかし、それは誤りです。この2πの移動は円の中心の移動なのです。つまり、**円の中心がどれだけ移動したかで円の回転数が決まる**のですね。

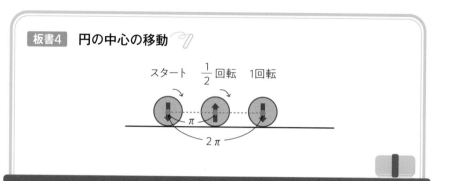

スタート　$\frac{1}{2}$ 回転　1回転

π

2π

2 円の回転数の公式

円の回転数は円の中心の移動距離で決まることがわかりましたから、一般的に考えてみましょう。少し難しいので、あまり無理せず、結論だけ覚えてもいいですよ。

先ほどの半径1の円を半径 x の円とします。直線上を半径 x の円が1回転するとき、円の中心は $2 \times x \times \pi = 2\pi x$ だけ移動します。つまり、**1回転＝円の中心移動は $2\pi x$** です。

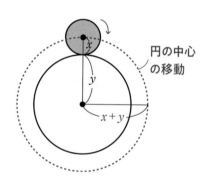

円の中心の移動

次に、この円を半径 y の円の外側におき、1周させます。このとき半径 x の円の中心は、右の図にある赤い点線に沿って移動しますが、これは半径 $(x + y)$ の円の円周の長さに等しいので、円の中心は $2 \times (x + y) \times \pi$ だけ移動します。

これを1回転したときの移動距離で割れば、半径 y の円の外側を1周したときに円が何回転したかを求めることができます。

よって、**1回転で円の中心移動は $2\pi x$** ですから、円の中心が $2\pi(x + y)$ だけ移動したときの回転数は $\dfrac{2\pi(x+y)}{2\pi x} = \dfrac{x+y}{x} = \boxed{\dfrac{y}{x} + 1}$ **[回転]** となります。

板書5 円の回転数の公式

① 円Aが円Bの**外側を1周**するとき、円Aの回転数は $\dfrac{\text{円Bの半径}}{\text{円Aの半径}} + 1$

② 円Aが円Bの**内側を1周**するとき、円Aの回転数は $\dfrac{\text{円Bの半径}}{\text{円Aの半径}} - 1$

これが公式です。外側と内側で公式が異なります。また、公式は**円が1周**したときですので注意してください。

> 外側を1周するときは「＋1」ですが、内側を1周するときは「－1」になります。
>
> また、$\dfrac{\text{円Bの半径}}{\text{円Aの半径}}$ は、$\dfrac{\text{円Bの直径}}{\text{円Aの直径}}$ でも $\dfrac{\text{円Bの円周}}{\text{円Aの円周}}$ でも、どれでも構いません。比率なので一緒です。

例2 右のように、半径1の円Aが、半径2の円Bの外側を時計回りに1周して、同じ位置に戻ってくる。このとき、円Aは何回転するか。

公式を使えば簡単に求めることができますね。**動いている円のほうが分母**にきますので、間違えないでください。円Aのほうが動いていますね。また、外側なので「＋1」です。これらのことに注意すると、円Aの回転数は $\dfrac{2}{1} + 1 = 3$［回転］です。

> ここは少し無理をしてでも公式を覚えてしまいましょう。

3 円がn周した場合

先ほどの公式は1周した場合ですが、必ずしも1周しかしないわけではありません。2周することや1周もせずに$\dfrac{1}{2}$周することだってありますが、そのような場合にはかけ算すればよいだけです。一般的は、円がn周した場合の円の回転数は 1周したときの回転数×n で求めることができます。

先ほどの例でいえば、仮に2周すれば、円の回転数は$3 \times 2 = 6$［回転］、$\dfrac{1}{2}$周すれば$3 \times \dfrac{1}{2} = \dfrac{3}{2}$［回転］です。

問1　Section 1　**2**

　下図のひし形が直線ℓを滑らずに矢印の方向に移動して1回転するとき、点Pが描く軌跡の形として、最も妥当なのはどれか。

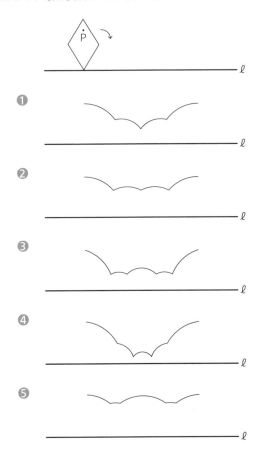

警視庁Ⅲ類2020

解説　正解4

　多角形の軌跡の問題です。ひし形の内部に点Pが打たれていて、この軌跡を調べるという問題で、選択肢には軌跡が並んでいます。慣れてくれば、軌跡を描かなく

ても解くことができますが、まずはしっかり描きましょう。ただし、長さや角度などが示されていませんから、だいたいで構いません。

　右に転がします。「中心」、「半径」、「中心角」は以下のように確認できます。「中心角」は明確ではないですが、だいたい60°くらいだろうと判断できます。

　では、これをふまえて軌跡を描きましょう。転がった後のひし形も描いておきましょうね。

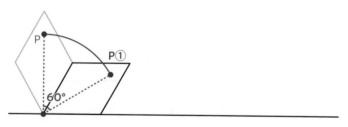

　さらに右に転がします。「中心」、「半径」、「中心角」は以下のように確認できます。今回も「中心角」はだいたい60°くらいでよいでしょう。

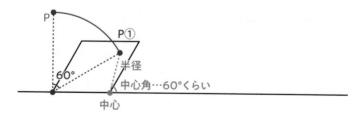

これをふまえて軌跡を描くと以下のようになります。

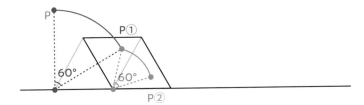

　さらに右に転がしましょう。再度「中心」、「半径」、「中心角」を以下のように確認します。今回の「中心角」は大きくなっています。だいたい120°くらいでよいでしょう。

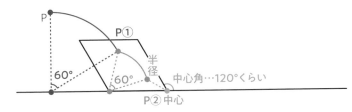

　これをふまえて軌跡を描くと以下のようになります。

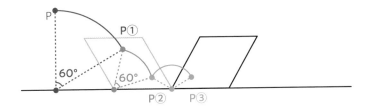

　ここまで描けば、選択肢は選べるでしょう。中心角がわからないので、そこでは判断しにくいのですが、直線から点Pまでの高さで判断できると思います。**最初の点Pの高さから、P①、P②となるにつれてだんだん低くなっている**ことがわかりますね。また、**P②からP③は、高さがほぼ同じ**です。そのような流れで軌跡が描かれている選択肢を探すと、❹しかありません。したがって、正解は❹です。

ちなみに、図形を転がさない場合も紹介しておきますね。回転の「中心」は左回りに見ればよいですから、①〜⑤の５個となります。①ではもう１回転がさないと、図形が頂点で立ったような状態になりません。点Ｐと「中心」が一致しているケースはありませんから、それぞれの「中心」で点Ｐは移動します。つまり、円弧は５個現れなければなりません。ここで、選択肢を見ると、❶および❷は円弧が４個しかないので、妥当な選択肢とはいえません。

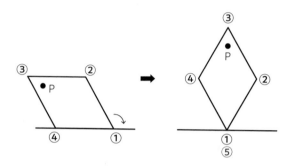

　次に、②と③でできる「半径」を見てみます。「半径」は中心から点Ｐまでの距離でしたね。実際の長さはわかりませんが、明らかに大小関係は判断できます。**②の半径＞③の半径**です。ということは、③でできる円弧のほうが②でできる円弧より直線から**低く現れる**はずです。

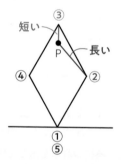

　ですから、左から２番目と３番目に現れる円弧の高さを比べると、**3番目のほうが２番目より低く現れている**ことになります。このことを満たしているのは❹だけですから、正解は❹です。

問2 Section 2 2

　下の図のように、固定した円形の壁掛け時計とその時計に外接した矢印が描かれた円盤がある。この時計の直径は円盤の直径の5倍であり、この円盤が時計の外側を滑ることなく時計回りに回転し、Aの位置に止まったとき、外接する円盤の矢印の向きとして、最も妥当なのはどれか。ただし、壁掛け時計の文字盤の1から12の数字は等間隔に並んでいるものとする。

空間把握

CH 2
図形の回転

解説　正解 2

　「大きい円形の時計の周囲を矢印が描かれた円盤が回転する」という設定で、矢印の向きを考える問題ですから、**円の回転数**の問題だと判断できます。

　公式を使いましょう。「この時計の直径は円盤の5倍」ですから、円盤の直径を x とすると時計の直径は $5x$ です。動くほうが分母にきますから、円盤が**1周したとき**の回転数は $\dfrac{5x}{x}+1=$ **6 [回転]** となります。

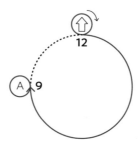

しかし、1周していませんね。9時の位置まで時計回りに転がっていますから$\frac{3}{4}$周です。したがって、Aの位置にくるまで円盤は$6\times\frac{3}{4}=\frac{9}{2}=4\frac{1}{2}$［回転］しています。4回転プラス$\frac{1}{2}$回転ですから、矢印はもとの向きに戻ってから反対向きになります。つまり、下向きですから、正解は❷です。

CHAPTER 3

平面の構成

「平面の構成」を考える問題にはさまざまなテーマがありますが、ここでは、早めに学習をしておいたほうがよいと思われる３つのテーマを紹介します。

平面パズル

ここでは、平面パズルの問題について学習します。とりわけ「平面の構成」という性質が色濃く現れるテーマといえるでしょう。名前どおりいくつかのパーツを組み合わせて大きな平面を作るのですが、最終的には、実際に組み合わせる作業をしていくことになります。ある程度、試行錯誤が伴う分、苦手意識を持っている人もいます。

1 平面パズルの問題とは

　ジグソーパズルのように、ピースを組み合わせて大きな図形を作るタイプの問題全般のことを、通称平面パズルといいます。定番の出題形式は「図形を作るのに、不要なピースはどれか」というタイプです。

なお、平面パズルの問題は、問題文に指示がない限り、ピースを回転させるのは構いません。ただし、裏返すことは通常は不可です。暗黙の了解として知っておきましょう。

2 平面パズルの問題の解き方

　具体的な例で考えてみましょう。

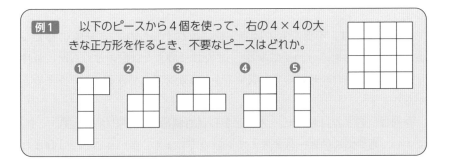

例1　以下のピースから4個を使って、右の4×4の大きな正方形を作るとき、不要なピースはどれか。

1 個数から不要なピースを絞り込む

　実際にピースを組み合わせようとすると、さまざまなパターンが出てきて時間がかかります。そこで、明らかにおかしいものをピックアップするために、まずは、小さい正方形の個数に着目しましょう。

　まず、大きい正方形には小さい正方形が4×4＝16［個］あります。また、各ピースを構成する小さい正方形の個数は、❶から順に5個、5個、4個、4個、3個です。これらのうちから4つのピースを選んで、合計16個にすることを考えるためには、いったん、すべてのピースの小さい正方形の個数を合計するとわかりやすいと思います。小さい正方形の個数の合計は5＋5＋4＋4＋3＝21［個］です。ということは、合計16個にするためには、21－16＝5［個］が不要であることがわかります。したがって、不要なピースは小さな正方形が5個からなる❶か❷であることがわかります。

もちろん、問題によっては個数で全く絞ることができないものもあります。そのようなときは、最初からピースを組み合わせていくことになります。

2 組み合わせるときは、埋めにくい形・特徴的な形のピースから

　個数だけで不要なピースを1つに絞ることができる問題はありませんから、最終的には、ピースを組み合わせていかなければなりません。その際には、埋めにくい形のピースや特徴的な形のピースから組み合わせていきま

しょう。

例1であれば、不要なものは❶か❷に絞れましたので、「確実に必要な❸、❹、❺から組み合わせてみる」、または「❶または❷のどちらかに着目して、仮に組み合わせてみて完成するかどうかを考えてみる」という進め方があります。

今回は、❶または❷のピースはどちらとも特徴的な形でかつ大きいです。ですので埋めにくいピースと考えてもいいでしょう。ということで「❶または❷のどちらかに着目して、仮に組み合わせてみて完成するかどうかを考えてみる」方向で検討してみます。

❶は縦一列が4個になっているので、16個の正方形の中で大きく場所を占める特徴的なピースです。これを中央や右端に置いてしまうと明らかに空いているスペースすべてに他のピースを置くことはできませんね。そこで、以下のように、まず左端に置いてから、他の❸、❹、❺の置き方を考えてみると、完成することがわかります。ですから、不要なピースは❷となります。

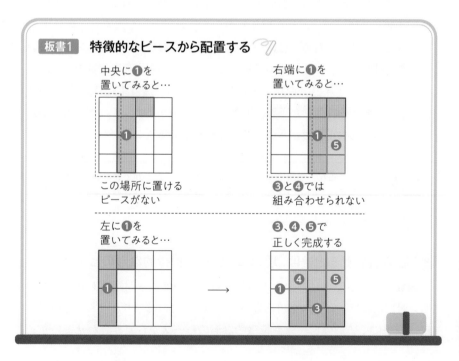

板書1　特徴的なピースから配置する

中央に❶を
置いてみると…

この場所に置ける
ピースがない

右端に❶を
置いてみると…

❸と❹では
組み合わせられない

左に❶を
置いてみると…

❸、❹、❺で
正しく完成する

278

平面の分割

こんなことを学習します

ここでは、平面の分割の問題について学習します。最大または最小の分割ですから分割される面の数は規則的に現れます。平面の分割は、ほとんど解き方が決まっているテーマです。単純な出題が多いので、万が一出題された場合は、ぜひ得点源にしましょう。

1　平面の分割とは

　文字どおり「平面を分割していくと何個に分けることができるか」を問う問題です。分割の方法としてよく聞かれるのが「**最大何個に分けることができるか**」というものです。

2 平面分割の最大個数の求め方

これには、きちんと**規則性**があるので例で説明していきますね。

例2　以下のように正方形を直線で分割することを考える。1本で分割すると最大2個、2本で分割すると最大4個、3本で分割すると最大7個に分割できる。この時、6本で分割すると最大何個に分割できるか。

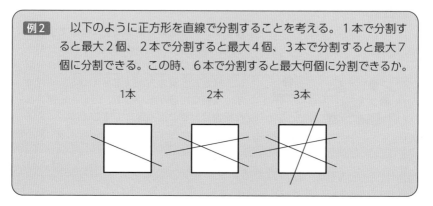

分割される個数は以下のようになり、個数の差を取ってみると、＋2、＋3と増えています。

この段階で、次は「＋4だ！」と決めるのは早いですね。「＋5」という可能性だってあり得ます。そこで4本目を引いて分割される個数を確認してみましょう。分割される個数が最大になるように4本目の直線を引くには、すでに引かれている1本目、2本目、3本目の線とそれぞれ1度だけ交わるようにします。

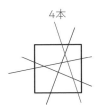

4本

　すると、分割される個数は11個ですね。「＋3」の次は「＋4」となり、本数が1本増えるごとに、分割される**個数の差も1個ずつ増えていく**ことがわかります。このまま覚えてしまえば解ける問題なので、6本まで書き加えていきましょう。

本数	1	2	3	4	5	6
分割される個数	2	4	7	11	16	22

+2　+3　+4　+5　+6

よって、**22**個となります。

ちなみに、最小個数の場合は、すべての直線が1度も交わらないように引きます。例えば、すべて平行に引けばよいので、以下のように7個となります。

折り紙

こんなことを学習します

ここでは、折り紙の問題について学習します。ルールを守って、丁寧に折ったり広げたりしていけば必ず答えが見つかります。その場で、作業をしましょう。

1　折り紙の問題とは

　折り紙の問題は、折り紙を折って最後にハサミを入れて広げる「切り絵」のようなイメージです。広げたあとの図形の形が問われることが多いです。

2　折り紙の問題の解き方

　折りたたんだ紙を広げると、紙は折り目に対して広がっていきますから、折り目と線対称に切り取られた部分が現れることになります。

つまり、鏡写しですね。広げるごとに切り取り部分を描いていきながら、最初の状態まで復元していきましょう。

　具体的な例を使って、折り目と折られた部分を復元する流れを説明しますね。

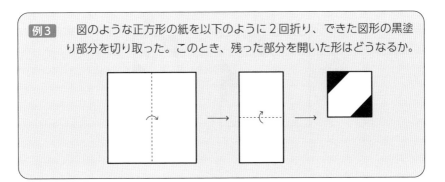

　まず、最後の状態から1つ前の状態に戻します。折る前を見ると、下から上に折っています。ですから、**上から下に広げればよい**ですね。下側に同じ大きさの正方形を描きます。

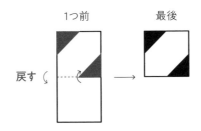

　これをふまえて、切り取り部分を描いていきましょう。折り目と線対称に描き入れてください。以下のようになります。

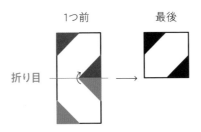

　さらにここから最初の状態まで戻します。折る前を見ると、左から右に折っています。ですから、**右から左に広げればよい**ですね。左側に同じ大きさ長方形を描きます。

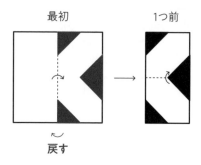

最初   1つ前

戻す

　これをふまえて、切り取り部分を描いていきましょう。折り目と線対称に描き入れてください。以下のようになります。

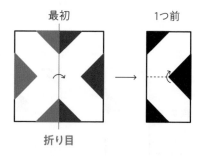

最初   1つ前

折り目

　これで完成です。折る方向と広げる方向が逆になることに注意して、復元していきましょう。

問1　Section 1　**2**

　図Ⅰに示すA～Eの図形は、一辺が a の正方形を組み合わせたものである。これら5つの図形のうち、3つの図形をすき間なく、かつ、重ねることなく並べて、図Ⅱに示す長辺7a、短辺5aの長方形における斜線部分をすべて埋めるとき、**必要でない図形の組合せとして、正しいのはどれか。**

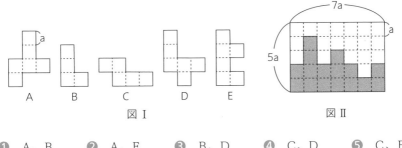

A　　　B　　　C　　　D　　　E

図Ⅰ

7a

5a

a

図Ⅱ

① A、B　　**②** A、E　　**③** B、D　　**④** C、D　　**⑤** C、E

東京都Ⅰ類2011

解説　正解5

　平面パズルの問題です。A～Eの各ピースも斜線部分もかなり特徴的な形なので、取り組みやすいと思います。

　まずは**正方形の個数で絞り込みをかけましょう。**一辺が a の正方形を1個としてカウントすると、斜線部分の個数は16個、ピースはAから順に6個、4個、5個、6個、6個となっています。正方形の個数の合計を考えると、6＋4＋5＋6＋6＝27［個］ですから、**不要なのは27－16＝11［個］**であることがわかります。ピースを2つ合わせて11個になる組合せは、5＋6＝11［個］しかあり得ません。したがって、**5個のCは必ず不要であるのは確定し、さらに6個のA、D、Eのうちどれか1つが不要だ**ということがわかります。

　では、ここから実際に組み立ててみましょう。検討の手段としては、先ほども紹介したとおり、**①確実に必要なものから組み立てるか、②不要なものでも特徴的な形なので、仮に使ってみて完成するかどうか、**のどちらかになると思います。

　本問の場合は、不要なものとしてC以外にもA、D、Eの3つの候補があるので、ここで場合分けをしていくと手間がかかりそうです。そこで、**①確実に必要な**

ものから見ていくのがよいでしょう。ちなみに、Cが確実に不要なのは確定しているので、選択肢によると不要になる正解は❹（C、D）か❺（C、E）のどちらかです。ということは、裏を返せばA、Bは確実に必要だということになります。ですから、AとBから置いてみましょう。特にAは面積も大きく、形もかなり入り組んで埋めにくいので、Aから考えるのがおすすめです。

　本問では特に問題文に指示がありませんので、回転させて使用することもできます。よって、Aのピースの置き方は以下のように2通り考えられます。しかし、点線の部分に置くことができるピースはありませんから、右側のケースはあり得ません。

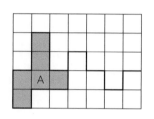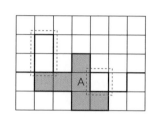

　左側のケースで考えていきます。残るBを左に90°回転させれば右端に置くことができ、中央の空いた部分にはDを左に90°回転させれば置くことができます。

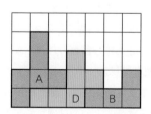

　よって、不要なのはCとEですから、正解は❺です。

問2 Section 3 **2**

図のように、正方形の紙を点線部分で４回折り、できた三角形の網掛け部分を切り取って除いた。残った部分を開いたときの形としても最も妥当なのはどれか。

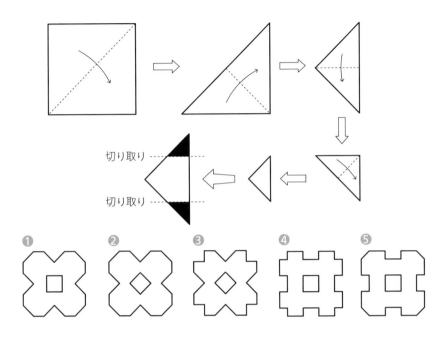

切り取り

切り取り

① ② ③ ④ ⑤

国家一般職高卒2009

解説　正解 4

　折り紙の問題です。**折り目と線対称に切り取られた部分を描いていくこと**を繰り返して、最初の状態に復元していきましょう。

　まずは最後から１つ前に戻します。１つ前では、左上から右下に折っていますから、右下から左上に広げます。そして、折り目と線対称に左上に切り取られた部分を描きましょう。

最後　　　　　　　1つ前

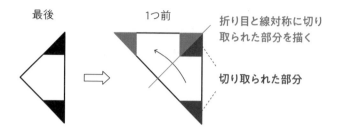

折り目と線対称に切り取られた部分を描く

切り取られた部分

これをどんどん繰り返していきます。

1つ前　　　　　　2つ前

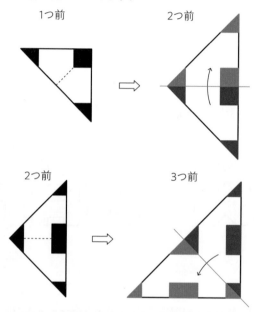

2つ前　　　　　　3つ前

最初の状態まで戻すと、以下のようになります。

3つ前　　　　　　最初

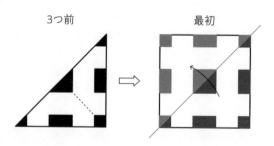

これで復元できました。色を塗っているところが切り取られた部分ですから、残った部分を開いたときの形は❹が正解です。

第4編

資料解釈

CHAPTER 1

資料解釈の基本

資料解釈は、数的処理の他の3分野に比べると、問題数はやや少ないため、重要性はやや下がります。しかし、安定して得点できる分野でもあるので、まずは問題の形式に慣れましょう。

Section 1 割合の計算

こんなことを学習します

まずは、資料解釈の検討の基本方針を紹介します。地道に計算していたのでは、解答時間がかかりすぎます。時間短縮を意識しながら検討しましょう。

1 選択肢の検討順序について

　資料解釈の問題の選択肢は、①「計算後の数値が、ある値を超える（上回る）か／超えない（下回る）か」また②「計算後の2つの数値の大小や3つ以上の数値の中での最大／最小」を問うケースが多いです。問われる値は実数であったり割合であったりします。また、分数の大小を考えるケースもあります。

　いずれにしても計算をしなければいけないので、計算が楽な選択肢から検討するようにしましょう。

2 おおまかな数値で計算する

　資料解釈では、計算結果が特定の値であるかどうかを正確に問う選択肢はほとんどありませんから、おおまかな数値を使って計算しましょう。四捨五

入した数値で計算すると、もちろん正確な数値での計算との間に一定の誤差が生じます。ただ、上から4桁目を四捨五入するようにすれば誤差は小さいため、選択肢の正誤判定に致命的な影響はありません。

例えば、203.3を四捨五入して約203、47,198を四捨五入して47,200として計算しても大丈夫です。

3 割合の計算

資料解釈では「割合」を計算する場面が多くありますが、前述のとおり正確な数値ではなくおおよその数値であればよいので、計算は手早く済ませる必要があります。

1 「xのa%」の計算

10%や1%といったキリのいい割合の値を使って計算するとよいです。

> **例1** 3,058の10%、1%の値はそれぞれいくらか。

3,058を四捨五入して3,060として計算します。

10%とは$\frac{1}{10}$、つまり小数点が1つ左にずれた数ですから、3,060の10%は **306** です。

1%とは$\frac{1}{100}$、つまり小数点が2つ左にずれた数ですから、3,060の1%は **30.6** です。

このように、小数点をずらすだけで判断ができます。

> また、これを応用すれば、例えば5%は10%の半分、または1%の5倍で求められます。20%は10%の2倍で求められます。このような計算は手早く行いましょう。

> **例2**　3,058の23%は700より大きいか。

　資料解釈では3,058 × 0.23のような計算をする必要はありません。まず、3,058を四捨五入すると3,060ですから、3,060の23%を求めましょう。

　3,060の10%の値を求めます。<mark>小数点を1つ左にずらせばよい</mark>ですから、306です。これを2倍すれば20%の値ですから306 × 2 = <mark>612</mark>です。次に1%の値を求めます。<mark>少数点を2つ左にずらせばよい</mark>ですから、30.6です。これを3倍すれば3%の値ですので、30.6 × 3 = <mark>91.8</mark>です。あとはこの2つの値を足せば、23%のおおよその値となります。612 + 91.8 = <mark>703.8</mark>ですから、700より大きいです。実際に計算すると703.34で誤差が生じますが全く気にしなくて大丈夫です。

2 Aに対するBの割合が a%を超えるか?

　仮にAに対するBの割合が a%を超えた場合の式は、「$\dfrac{B}{A} \times 100 > a$」となります。実際にBをAで割った値を100倍して a と比較すると時間がかかるケースもあります。そこで、違った比較方法を説明します。

　上の式の両辺に $\dfrac{A}{100}$ をかけると $\left(\dfrac{B}{A} \times 100\right) \times \dfrac{A}{100} > a \times \dfrac{A}{100}$ より、B > A $\times \dfrac{a}{100}$ となります。$\dfrac{a}{100}$ はまさに a%のことですから、A $\times \dfrac{a}{100}$ は「Aの a%」になります。つまり、Aに対するBの割合が a%を超えるかどうかを考えたいときは、<mark>「B（分子）」と「A（分母）の a%」を比べる</mark>と判断できます。

> **例3**　A社全体の売上は3,058億円で、このうちP支社での売上は712億円である。A社全体の売上に占めるP支社の売上の割合は25%を超えているか。

　「A社全体の売上に占めるP支社の売上の割合」ですから、P支社の売上が分子、A社全体の売上が分母です。そうすると、<mark>「P支社の売上」と「A</mark>

社全体の売上の25%」を比べることで、「P支社の売上」のほうが大きければ、超えているといえますね。

　では、A社全体の売上の25%の値を求めましょう。A社全体の売上は約3,060億円ですから、まず、10%は306億円です。よって、20%は306×2＝612［億円］です。さらに、5%は10%の半分ですから306÷2より153億円です。25%は612＋153＝765［億円］となりますから、P支社の売上である712億円のほうが小さいですね。よって、A社全体の売上に占めるP支社の売上の割合は25%を超えていません。

3 割合の表現

　割合の表現として、「Aに対するBの割合」を紹介しましたが、これ以外にも表現はありますので、ぜひこの機会に覚えておきましょう。

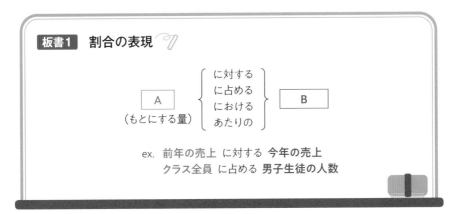

「に対する」、「に占める」、「における」、「あたりの」という言い回しが出てきたら、その直前が基準（分母の値）になっている、と覚えておきましょう。

分数の大小比較

こんなことを学習します

選択肢を検討していると、割合の大小を比較する記述がよく登場します。そこで、ここでは割合を分数で表した際に、この分数をどう大小比較するかを説明しましょう。

1　基本の大小比較

1　分母が等しい場合または分子が等しい場合

　分母が等しい場合、分子の大きいほうが分数自体も大きいです。また、分子が等しい場合、分母の小さいほうが分数自体は大きいです。

ex.

⑨ 小 ⑨ 大

$$\frac{142}{1,011} \quad \frac{145}{1,011} \quad \Rightarrow \quad \frac{142}{1,011} \quad < \quad \frac{145}{1,011}$$

分母が等しい

分子が等しい

$$\frac{145}{1,011} \quad \frac{145}{1,009} \quad \Rightarrow \quad \frac{145}{1,011} \quad < \quad \frac{145}{1,009}$$

⑨ 大 ⑨ 小

2 分子が大きく分母が小さい場合

分子が大きく分母が小さいほうが分数自体は大きいです。 板書2 の例で

説明します。$\frac{142}{1,011}$ と $\frac{145}{1,011}$ を比べると $\frac{142}{1,011} < \frac{145}{1,011}$ です。また、$\frac{145}{1,011}$ と

$\frac{145}{1,009}$ を比べると $\frac{145}{1,011} < \frac{145}{1,009}$ です。よって、$\frac{142}{1,011} < \frac{145}{1,011} < \frac{145}{1,009}$ とな

りますから、両端の分数の大小は $\frac{142}{1,011} < \frac{145}{1,009}$ となります。$\frac{145}{1,009}$ のほう

が $\frac{142}{1,011}$ と比べて、分子が大きく、分母が小さいですから、$\frac{145}{1,009}$ のほうが

大きいです。

板書3　分子が大きく分母が小さい場合

ex.

$$\underset{大}{\overset{小}{\frac{142}{1,011}}} \quad \underset{小}{\overset{大}{\frac{145}{1,009}}} \quad \Rightarrow \quad \frac{142}{1,011} < \frac{145}{1,009}$$

3 単純な分数との比較

$\frac{1}{2}$、$\frac{1}{5}$、$\frac{1}{10}$ といった単純な分数と比べて、大小が判断できるケースがあります。例えば、$\frac{1}{2}$ は分子を2倍したものが分母であることを利用して比べてみます。

> **例4** $\frac{532}{1,126}$ と $\frac{752}{1,471}$ はどちらが大きいか。

2つの分数は、いずれも分母が分子の2倍程度ですので、$\frac{1}{2}$ と比べることを考えてみます。まず、$\frac{532}{1,126}$ を $\frac{1}{2}$ と比べてみます。分子の532を2倍した数である $532 \times 2 = 1,064$ を分母にすると、$\frac{532}{1,064} = \frac{1}{2}$ です。$\frac{532}{1,126}$ と $\frac{532}{1,064}$ を比べると、$\frac{532}{1,126} < \frac{532}{1,064}$ ですから、$\frac{532}{1,126}$ は $\frac{1}{2}$ より小さいことがわかります。同様に、$\frac{752}{1,471}$ を $\frac{1}{2}$ と比べてみます。分子の752を2倍した数である $752 \times 2 = 1,504$ を分母にすると、$\frac{752}{1,504} = \frac{1}{2}$ です。$\frac{752}{1,471}$ と $\frac{752}{1,504}$ を比べると、$\frac{752}{1,471} > \frac{752}{1,504}$ ですから、$\frac{752}{1,471}$ は $\frac{1}{2}$ より大きいことがわかります。

よって、$\frac{532}{1,126} < \frac{752}{1,471}$ となり、$\frac{752}{1,471}$ のほうが大きいことがわかります。

2 大小比較が難しいケース

　では、分子も分母も増えたり、分子も分母も減ったりするケースではどうでしょうか。小さい数値であれば通分することも可能ですが、実際の問題では大きな数値の分数が出てくるため、通分は原則として通用しません。以下の内容をしっかり押さえてください。

　検討の方法としてはいくつかありますが、ここでは2つの分数の分母どうし・分子どうしの増加率から判断する方法を紹介します。以下の例で説明しましょう。

> **例5**　$\dfrac{543}{4709}$ と $\dfrac{864}{5921}$ はどちらが大きいか。

　数値が大きく、通分は難しそうです。このような場合は、分子どうし、分母どうしの増加率を確認して、どちらの増加率が大きいかによって、分数の大小は判断することができます。

　左の分数を基準とします。まず、分子から確認します。分子は左から右で543→864と増加しています。増加数は 864 − 543 = 321 です。543を100%としたとき、321がだいたい何%かを考えます。例えば50%を考えると、半分なので約272です。ということは、321の増加は増加率でいうと50%以上であるとわかります。

　同様に、分母も確認します。分母は左から右で4,709→5,921と増加しています。それぞれの数の上から4桁目を四捨五入して、4,710→5,920と考えると、増加数は 5,920 − 4,710 = 1,210 です。4,710を100%としたとき、1,210がだいたい何%かを考えます。例えば50%を考えると、半分なので2,355です。ということは、1,210の増加は増加率でいうと50%未満であるとわかります。

　よって、（分子の増加率）＞（分母の増加率）のとき、（基準の分数）＜（他方の分数）であるといえますので、$\dfrac{543}{4,709} < \dfrac{864}{5,921}$ となります。

板書4 分子と分母の増加率を比べる

$$
\begin{array}{c}
50\%以上(増) \\
\parallel \\
50\% \fallingdotseq 272 \qquad +321 \\
基準\ \dfrac{\boxed{543}}{\boxed{4{,}709}} \ < \ \dfrac{864}{5{,}921} \\
50\% \fallingdotseq 2{,}355 \qquad 約+1210 \\
\parallel \\
50\%未満(増)
\end{array}
$$

逆に、（分子の増加率）＜（分母の増加率）のとき、（基準の分数）＞（他方の分数）であるといえます。

このように比較するとき、分子、分母の正確な増加率を求める必要はありません。どちらの増加率が大きいのかさえわかればよいので、「以上」、「未満」で区切られる程度の値で十分です。

CHAPTER 2

代表的な資料

ここでは、代表的な資料を 3 つ紹介しましょう。いずれも出題頻度が高く、検討の流れの典型がありますので、押さえておきましょう。

実数の資料

こんなことを学習します

資料で出てくる数値の基本中の基本です。国家・地方を問わず、多くの公務員試験で出題されます。

1　実数の資料とは

「円」や「個」といった単位の付いている数値を扱うものを実数の資料と呼んでいます。数値が並べられている数表だけでなく、棒グラフや折れ線グラフなど、さまざまな形態で出題されます。

2　数値の特徴

実数ですから5桁や6桁といった大きい数を扱うケースもあり計算に時間がかかります。なるべく **CHAPTER 1** で紹介した おおまかな数値 を使って検討するようにしましょう。

構成比の資料

こんなことを学習します

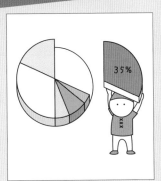

35%

「構成比の資料」も多くの試験で出題される形式です。計算をじっくりさせる出題になることもあるので、時間制限に注意したいところです。

1　構成比の資料とは

全体に占める割合が示されたものを構成比の資料と呼んでいます。構成比しか書かれていない資料もありますが、全体の実数（総数）と合わせて示される場合が多いです。

2　「総数×構成比」の計算

1　割合の計算をする

例えば、「全校生徒が720人の学校で、そのうち1年生の割合が35％である」とあれば、720人が総数で35％が構成比になります。このとき、1年生の人数は、「総数×構成比」より$720 \times 0.35 = 252$［人］になります。しかし、割合の計算ですから、CHAPTER 1で説明したように、720の10％は72、5％は72の半分の36ですから、35％は$72 \times 3 + 36 = 252$［人］と求めるよう

にしましょう。

2 「総数×構成比」の大小

先ほどのように割合の計算をしなくても大小を判断することができるケースもあります。

> 例1　1,500の15%と1,650の18%ではどちらが大きいか。

総数と構成比を別々に見てみましょう。総数は 1,500 → 1,650 へと大きくなっています。構成比も 15 → 18 へと大きくなっています。ということは、かけ算した結果の値も大きくなることがわかりますね。したがって、1,500 × 15% ＜ 1,650 × 18% となります。

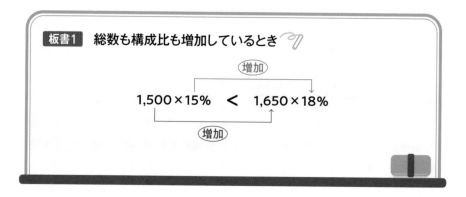

Section 3 増加率の資料

こんなことを学習します

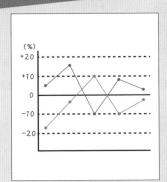

選択肢の記述としても登場する増加率です
が、資料そのものが増加率を扱っていること
もよくあります。検討のコツを押さえておく
ことが大切です。もちろん、すでに説明して
いる部分も復習しておきましょう。

1 増加率の資料とは

　増えた量、減った量の割合のことを「増加率」、「減少率」といいます。減少率は−20％のように増加率にマイナスをつけて示されますから、このようなものを増加率の資料と呼んでいます。

> 増加率の資料で特に多いのが、前の年と比べて今年はどれぐらいの割合で増加したかが示される対前年増加率です。

板書2 対前年増加率とは

ex.

| | 1.1倍 | 0.8倍 | 1.05倍 |

2018年 → 2019年 → 2020年 → 2021年

　　　　　+10%　　　　**−20%**　　　　**+5%**

　　　2018年から　　**2019年から**　　**2020年から**
　　　10%㊞　　　**20%㊞**　　　**5%㊞**

---

2 基準と近似法の計算

1 基準

増加率、減少率も割合ですから、必ず**基準**が存在します。

> **例2**　以下は、ある漁港でのサバとイワシの水揚げ量の対前年増加率を示したものである。このとき、2019年の水揚げ量を比べると、イワシのほうがサバより多いといえるか。
>
> | | 2019年 | 2020年 | 2021年 |
> |---|---|---|---|
> | サバ | 2.1% | 3.6% | −7.8% |
> | イワシ | 6.3% | 2.1% | 2.7% |

　2019年では、対前年増加率はイワシのほうがサバより大きいので、「水揚げ量も多いぞ！」とはいきません。そもそもサバとイワシの対前年増加率の**基準は異なっている**のです。例えば、2018年の水揚げ量が、サバは100t、イワシは10tなら、2019年の水揚げ量は、2019年の**倍率**をかければよいので、サバは $100 \times (1 + 0.021) = 102.1$ ［t］、イワシは $10 \times (1 + 0.063) = 10.63$ ［t］となり、サバのほうが多いですね。このように、**基準が異なっているものどうしの実数の比較はできない**ということをしっかりと押さえておきましょ

う。

2 近似法の計算

増加率の資料では、小数のかけ算が多く登場し、まともに計算するとかなり時間がかかります。先ほどの 例2 の資料を使って計算のテクニックを紹介します。

> 例3 サバの水揚げ量について、2021年のほうが2018年より少ないといえるか。

2021年のサバの水揚げ量と2018年のサバの水揚げ量の基準は同じであるので、比べることはできます。しかし、実際の水揚げ量はわかりません。そこで、比べるほうの基準、つまり、2018年のサバの水揚げ量を100とおき、比べたい年までの倍率をかけていくと、その年のサバの水揚げ量を表すことができます。

2019年…$100 \times (1 + 0.021)$
2020年…$100 \times (1 + 0.021) \times (1 + 0.036)$
2021年…$100 \times (1 + 0.021) \times (1 + 0.036) \times (1 - 0.078)$

特に2021年のように2018年から離れた年になるとかけ算が連続するので、計算が面倒なことがわかります。

そこで、この手間を省く計算方法として、近似法計算を紹介しましょう。これは「対前年増加率を小数にせずにパーセントのままプラス・マイナスの計算をする」という方法です。以下のように計算してしまうのです。

$$100 \times (1 + 0.021) \times (1 + 0.036) \times (1 - 0.078)$$
$$\fallingdotseq 100 + 2.1 + 3.6 - 7.8 = 97.9$$

2018年を100としたとき、2021年は100を下回っているため、2021年のほうが2018年より少ないといえます。正確に計算してみると、2021年は$100 \times 1.021 \times 1.036 \times 0.922 \fallingdotseq 97.52\cdots$となり、近似法計算をしても、計算結

果が正確に計算したものとそこまで変わらないことがわかりますね。この程度の誤差であれば、選択肢の正誤を判断するのに十分使うことができます。ただし、以下の点に注意してください。

板書3　近似法計算の注意点

① 100を基準にした状態で計算することを心がける

② 10%以上の増加率・減少率になると誤差が大きくなるので避ける

　→　その際は、10%・1%の計算も併用するとよい

③ 選択肢の判断が微妙な数値になったら、後回しにして残った時間で細かく計算する

まずは増加率の資料にどのような意識で取り組むか、イメージを掴んでおく程度でよいでしょう。

CHAPTER 2　過去問チェック！

問 1　Section1 **1**・**2**

下の表は、世界のゲーム業界の市場規模をまとめたものである。この表から判断できることとして、最も妥当なのはどれか。

	家庭用ゲーム	スマホゲーム
日　　　本	3,302	9,453
北　　　米	12,259	8,932
ヨーロッパ	10,879	4,627
そ の 他	6,977	21,675

（単位：億円）

❶　世界合計に占める家庭用ゲームの割合に関して、日本の割合は20％を超える。

❷　家庭用ゲームの世界合計は、スマホゲームの世界合計を上回る。

❸　家庭用ゲームに対するスマホゲームの割合に関して、その他よりも日本の方が高い。

❹　家庭用ゲームとスマホゲームの合計に関して、世界合計に占める日本の割合は20％を下回る。

❺　家庭用ゲームとスマホゲームの合計に関して、北米はヨーロッパの２倍を上回る。

東京消防庁Ⅰ類2019

解説　正解4

実数の数表の資料です。選択肢をざっと見ても特に計算に時間がかかりそうなものはありませんので、そのまま❶から検討していきます。特に、❶と❹は割合の計算ですから、Section1で説明したように計算してみてください。また、資料の数値を、上から４桁目の位を四捨五入して表しておきます。

	家庭用ゲーム	スマホゲーム
日　　　本	3,300	9,450
北　　　米	12,300	8,930
ヨーロッパ	10,900	4,630
そ の 他	6,980	21,700

❶ × 「家庭用ゲームにおいて、世界合計に占める日本の割合は20%を超える」という意味ですね。そうすると、「日本」と「世界合計の20%」を比べればよいわけです。世界合計は、資料中の日本、北米、ヨーロッパ、その他の数値をすべて足したものですから、3,300＋12,300＋10,900＋6,980＝33,480［億円］となります。四捨五入して33,500億円です。

　　　日本：3,300億円

　　　世界合計の20%：33,500の10％が3,350億円ですから20％は3,350×2＝
　　　　　　　　　　　6,700［億円］

　「日本」＜「世界合計の20%」ですから、超えていません。

❷ × 家庭用ゲームの世界合計は、33,500億円でしたね。スマホゲームの世界合計は、同じように足し算しますが、その他と日本と北米を足しただけでも33,500億円を上回ることは確実ですね。よって、「家庭用ゲーム全体＜スマホゲーム全体」ですから、上回りません。

❸ × 分数の大小比較ですね。「家庭用ゲームに対するスマホゲームの割合」は

$\dfrac{スマホ}{家庭用}$ と表すことができます。$\dfrac{スマホ}{家庭用}$ の値は、その他が $\dfrac{21,700}{6,980}＝\dfrac{2,170}{698}$

で、日本が $\dfrac{9,450}{3,300}＝\dfrac{945}{330}$ です。分数をよく見ると、$\dfrac{2,170}{698}$ は3より大きい

ですが、$\dfrac{945}{330}$ は3より小さいです。したがって、$\dfrac{2,170}{698}＞\dfrac{945}{330}$ ですから、

その他より日本のほうが高くはありません。

❹ ○ 「日本」と「世界合計の20%」を比べればよいですね。家庭用ゲームとスマホゲームの合計は、日本が3,300＋9,450＝12,750［億円］から四捨五入して12,800億円です。世界合計については、家庭用ゲームが33,480億円で、スマホゲームが9,450＋8,930＋4,630＋21,700＝44,710［億円］ですから、33,480＋44,710＝78,190［億円］です。四捨五入して78,200億円です。

　　　日本：12,800億円

　　　世界合計の20%：78,200の10％が7,820億円ですから20％は7,820×2＝
　　　　　　　　　　　15,640［億円］

　「日本」＜「世界合計の20%」ですから、下回ります。

❺ × 「北米はヨーロッパの2倍」ですから、「北米」と「ヨーロッパ×2」を比べればよいですね。家庭用ゲームとスマホゲームの合計は、北米が12,300＋

8,930＝21,230［億円］で、四捨五入して**21,200**億円、ヨーロッパが10,900＋

4,630＝15,530［億円］で、四捨五入して**15,500**億円です。

　　北米：**21,200**億円

　　ヨーロッパの2倍：15,500×2＝**31,000**［億円］

　「北米」＜「ヨーロッパ×2」ですから、2倍を上回りません。

問2　Section 1　1・2

　下の表は、関東地方における建て方別の住宅数をまとめたものである。この表から判断できることとして、次のア～ウの正誤の組合せのうち、最も妥当なのはどれか。なお、表中の数値は小数点以下を四捨五入しているため、各項目の合計と総数が合わない場合がある。

	総　数	一戸建	長屋建	共同住宅
茨 城 県	1,076	791	22	262
栃 木 県	730	541	9	179
群 馬 県	748	558	14	175
埼 玉 県	2,895	1,623	43	1,224
千 葉 県	2,517	1,362	48	1,103
東 京 都	6,473	1,797	118	4,530
神奈川県	3,843	1,599	81	2,155

（単位：千戸）

ア　総数に占める一戸建の割合が最も低いのは、千葉県である。

イ　総数に占める長屋建の割合は埼玉県よりも千葉県の方が低い。

ウ　総数に占める共同住宅の割合が最も高いのは、東京都である。

	ア	イ	ウ
❶	正	正	正
❷	正	誤	正
❸	誤	正	誤
❹	誤	誤	正
❺	正	誤	正

東京消防庁Ⅰ類2019

資料解釈

CH 2
代表的な資料

　実数の数表の資料です。ア～ウの記述をざっと見るとアは最小、ウは最大を訊いています。それぞれ比較対象が多いので後回しにして、イから検討してみます。資料の数値は、上から4桁目の位を四捨五入したものを使いますね。

イ　✕　分数の大小比較ですね。「総数に占める長屋建の割合」は $\dfrac{長屋建}{総数}$ と表すことができます。$\dfrac{長屋建}{総数}$ の値は、埼玉県が $\dfrac{43}{2,900}$ で、千葉県が $\dfrac{48}{2,520}$ です。分数をよく見ると、千葉県のほうが、分子が大きく分母が小さいですから、分数自体は大きくなります。$\dfrac{43}{2,900} < \dfrac{48}{2,520}$ ですから、埼玉県より千葉県のほうが低くはありません。この時点で正解は❷、❹、❺に絞られます。

ア　✕　分数の最小ですね。「総数に占める一戸建の割合」は $\dfrac{一戸建}{総数}$ と表すことができます。千葉県の値は $\dfrac{1,360}{2,520} = \dfrac{136}{252}$ で、資料の都県の中でこの分数が最も小さいかどうかを確認すればよいわけです。$\dfrac{136}{252}$ を $\dfrac{1}{2}$ と比べてみると、$\dfrac{1}{2} = \dfrac{136}{272}$ ですから、$\dfrac{136}{252}$ は $\dfrac{1}{2}$ より大きいですね。ということは、$\dfrac{1}{2}$ より小さいものがあれば、この選択肢は誤りですね。なるべく分母である「総数」が大きく分子である「一戸建」が小さいものがいいわけですから、東京都に目星がつけられるでしょう。東京都の値は $\dfrac{1,800}{6,470} = \dfrac{180}{647}$ で、$\dfrac{1}{2} = \dfrac{180}{360}$ より小さいことがわかります。よって、最も低いのは千葉県ではありません。

　この段階で、ア「誤」、イ「誤」ですから正解は❹ですね。

ウ　〇　分数の最大ですね。「総数に占める共同住宅の割合」は $\dfrac{共同住宅}{総数}$ と表すことができます。東京都の値は $\dfrac{4,530}{6,470} = \dfrac{453}{647}$ で、資料の都県の中でこの分数

が最も大きいかどうかを確認すればよいわけです。$\dfrac{453}{647}$ を $\dfrac{1}{2}$ と比べてみると、

$\dfrac{1}{2} = \dfrac{453}{906}$ ですから、$\dfrac{453}{647}$ は $\dfrac{1}{2}$ より大きいですね。ということは、$\dfrac{1}{2}$ より大

きいものがあれば、細かく検討しなくてはいけませんね。では、東京都以外の

$\dfrac{共同住宅}{総数}$ と $\dfrac{1}{2}$ を比べてみることにしましょう。

茨城県：$\dfrac{262}{1,080} < \dfrac{1}{2} = \dfrac{262}{524}$

群馬県：$\dfrac{175}{748} < \dfrac{1}{2} = \dfrac{175}{350}$

埼玉県：$\dfrac{1,220}{2,900} = \dfrac{122}{290} < \dfrac{1}{2} = \dfrac{122}{244}$

千葉県：$\dfrac{1,100}{2,520} = \dfrac{110}{252} < \dfrac{1}{2} = \dfrac{110}{220}$

神奈川県：$\dfrac{2,160}{3,840} = \dfrac{216}{384} > \dfrac{1}{2} = \dfrac{216}{432}$

神奈川県だけが $\dfrac{1}{2}$ より大きいですね。では、神奈川県の $\dfrac{216}{384}$ と東京都の $\dfrac{453}{647}$

を比べてみましょう。神奈川県（基準）から東京都を見ると、分母も分子も増加し

ていますね。この場合は増加率を考えるのでしたね。分子は216→453へと237増

加して、2倍以上になっています。つまり、増加率は100%以上です。また、分母

は384→647へと263増加して、2倍以上になっていませんね。つまり、増加率は

100%未満です。

　よって、（分子の増加率）＞（分母の増加率）ですから、（基準の分数）＜（他方の分

数）となると判断できます。したがって、$\dfrac{216}{384} < \dfrac{453}{647}$ ですから、最も高いのは東

京都です。

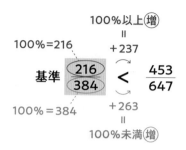

問3 Section 2 **2**

　図は、ある年のA国の貿易額の地域別構成割合を示したものである。この年の輸出総額は70兆円、輸入総額は80兆円であった。これから確実にいえるのはどれか。

（単位：%）

	アジア		北アメリカ	ヨーロッパ・ロシア		オセアニア
輸出総額に占める割合	59		23	12	3	2 1
輸入総額に占める割合	64		11	14	6	3 2

南アメリカ　　　アフリカ

❶ 輸出額と輸入額の差が最も大きいのは、オセアニアとの貿易額である。

❷ 輸出額と輸入額の差が最も小さいのは、ヨーロッパ・ロシアとの貿易額である。

❸ アジアとの貿易額についてみると、輸入額が輸出額を上回っている。

❹ 北アメリカとの貿易額についてみると、輸出額が輸入額の2倍を上回っている。

❺ 南アメリカとの貿易額についてみると、輸出額が輸入額を上回っている。

刑務官2017

　総数と構成比のグラフの資料です。選択肢をざっと見ると、❶と❷は計算に時間がかかりそうですね。これらを後回しにして❸から検討していこうと思います。

❸　○　アジアの「輸入額」と「輸出額」を比べればよいですね。アジアの輸入額は80×64%で、輸出額は70×59%です。この２つの数をよく見ると、計算しなくても大小は判断できます。総数は**80→70へと減少**しており、構成比も**64→59へと減少**しています。

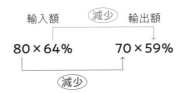

　それぞれが減少しているわけですから、かけ算をした結果の値も減少しています。よって、**80×64%＞70×59%**ですから、輸入額が輸出額を上回っています。

❹　×　「北アメリカの輸出額が輸入額の２倍」ですから、北アメリカの「輸出額」と「輸入額×２」を比べればよいですね。北アメリカの輸出額は**70×23%**です。70の10％は７ですから20％は7×2＝14、70の１％は0.7ですから３％は0.7×3＝2.1です。よって、23％は14＋2.1＝**16.1［兆円］**です。輸入額×2は80×11％×２です。80×11％×2は80×2×11％、つまり、**160×11%**として計算してもよいです。160の10％は16、160の１％は1.6ですから、11％は16＋1.6＝**17.6［兆円］**です。

　　（輸出額）：7×2＋0.7×3＝14＋2.1＝**16.1**［兆円］
　　（輸入額×2）：16＋1.6＝**17.6**［兆円］

　「輸出額」＜「輸入額×2」ですから、輸出額が輸入額の２倍を上回っていません。

❺　×　南アメリカの輸出額は70×２％、輸入額は80×３％です。総数は**70→80**

へと増加しており、構成比も 2 → 3 へと増加しています。したがって、**70×2%** ＜**80×3%**ですから輸出額が輸入額を上回っていません。

❶・❷ ✕　各地域の輸出額と輸入額は以下のようになります。

[単位：兆円]

	輸出額	輸入額	差額
アジア	70×59%=7×6−0.7=**41.3**	80×64%=8×6+0.8×4=**51.2**	9.9
北アメリカ	70×23%=7×2+0.7×3=**16.1**	80×11%=8+0.8=**8.8**	7.3
ヨーロッパ・ロシア	70×12%=7+0.7×2=**8.4**	80×14%=8+0.8×4=**11.2**	2.8
オセアニア	70×3%=0.7×3=**2.1**	80×6%=0.8×6=**4.8**	2.7
南アメリカ	70×2%=0.7×2=**1.4**	80×3%=0.8×3=**2.4**	1.0
アフリカ	70×1%=**0.7**	80×2%=0.8×2=**1.6**	0.9

　　差額が最も大きいのはアジア、最も小さいのはアフリカです。

問4 Section 3 **2**

次の表から確実にいえるのはどれか。

6か国における乗用車の新車登録台数の対前年増加率の推移

(単位　%)

国　　名	1995年	1996	1997	1998	1999
日　　本	5.6	5.1	△3.8	△8.9	1.5
アメリカ	△2.5	△1.6	△3.8	△2.2	5.3
ド イ ツ	3.3	5.5	0.9	5.9	1.8
イタリア	3.1	△0.9	39.0	△1.2	△2.3
イギリス	1.8	5.1	6.2	3.5	△2.2
フランス	△2.2	10.5	△19.7	13.5	10.5

（注）　△は、マイナスを示す。

❶　ドイツにおける乗用車の新車登録台数の1995年に対する1999年の増加率は、イギリスにおけるそれを下回っている。

❷　表中の各国のうち、1996年における乗用車の新車登録台数の対前年増加数が最も多いのは、フランスである。

❸　1999年のアメリカにおける乗用車の新車登録台数は、1996年のそれを上回っている。

❹　イタリアにおける乗用車の新車登録台数の1994年に対する1997年の増加率は、40％を上回っている。

❺　表中の各国のうち、1998年における乗用車の新車登録台数が最も少ないのは、日本である。

特別区Ⅰ類2002

資料解釈
CH 2
代表的な資料

解説　正解4

対前年増加率の数表の資料です。表を見ると、1997年のイタリアの対前年増加率が39.0％で**10％程度から大きくずれている**ことがわかります。この数値を近似法計算で行うことは避けてください。あとは、おおむね10％程度に収まっていますから近似法計算を行っても大丈夫です。また、選択肢をざっと見ると、❶は時間がかかりそうですので後回しにして、❷から検討しようと思います。

❷ ✕ 定番のひっかけです。1996年だけを見ると、フランスの対前年増加率は他の国と比べて一番大きいです。このことから「1996年の対前年増加数が最も多いのはフランスだ！」とはなりません。国ごとに基準があるので、基準が異なるものの実数を比べることはできません。

国名	1996年
日 本	5.1
アメリカ	△1.6
ド イ ツ	5.5
イタリア	△0.9
イギリス	5.1
フランス	(10.5)

❸ ✕ これは基準が同じですから近似法計算で比べてみましょう。1996年のアメリカの新車登録台数を100とおき、求めたい年である1999年まで近似法計算すると以下のようになります。

$$（1999年）＝100－3.8－2.2＋5.3＝99.3$$

1999年は100未満ですね。ですから1996年を上回っていません。

1996年　　1997年　　1998年　　1999年

100　　〇　　　〇　　　〇

－3.8%　　－2.2%　　＋5.3%

❹ 〇 これも基準が同じですから近似法計算で比べてみましょう。1994年のイタリアの新車登録台数を100とおき、求めたい年である1994年までの近似法計算をしたいのですが、1997年の対前年増加率は39.0%と10%程度から大きくずれていますから、この数値だけは倍率計算をします。まず、1996年まで近似法計算をすると以下のようになります。

$$（1996年）＝100＋3.1－0.9＝102.2≒102$$

1994年　　1995年　　1996年

100

+3.1%　　−0.9%

　この102に対して、1997年の倍率である**1＋0.39＝1.39**をかけ算しますが、102×1.39は**102**に「**102の39％**」を足した値と同じですから、割合の計算をします。

　　「102の39％」＝10.2×4−1.02＝39.78≒39.8　←**40％から1％を引いた計算**

　したがって、1997年の値は102＋39.8＝**141.8**となります。100に対して141.8ですから、増加率は41.8％で、40％を上回っています。

❺　×　これも❷と同じように、**国ごとに基準がある**ので、基準が異なるものの実数は比べることができません。

❶　×　ドイツ、イギリスの1995年の新車登録台数をそれぞれ**100**とおき、1999年までの近似法計算をすると以下のようになります。

　　（ドイツ1999年）＝100＋5.5＋0.9＋5.9＋1.8＝**114.1**

　　（イギリス1999年）＝100＋5.1＋6.2＋3.5−2.2＝**112.6**

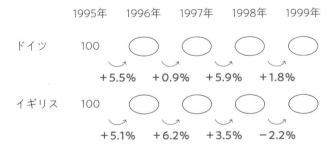

　　　　　1995年　　1996年　　1997年　　1998年　　1999年

ドイツ　　100

　　　　　+5.5%　　+0.9%　　+5.9%　　+1.8%

イギリス　100

　　　　　+5.1%　　+6.2%　　+3.5%　　−2.2%

　増加率は、ドイツが114.1−100＝**14.1**［％］で、イギリスが112.6−100＝**12.6**［％］ですから、ドイツはイギリスを下回っていません。

索 引

第2版改訂執筆担当：三好 雅宣（TAC公務員講座）
編集協力　　　　：佐藤 英貴（TAC公務員講座）

みんなが欲しかった！公務員 合格へのはじめの一歩 数的処理 第2版

2022年10月25日　初　版　第1刷発行
2024年 3 月25日　第2版　第1刷発行

編　著　者	ＴＡＣ出版編集部	
発　行　者	多　田　敏　男	
発　行　所	ＴＡＣ株式会社　出版事業部	
	（ＴＡＣ出版）	

〒101-8383
東京都千代田区神田三崎町3-2-18
電　話 03（5276）9492（営業）
FAX 03（5276）9674
https://shuppan.tac-school.co.jp

組　　版	朝日メディアインターナショナル株式会社
印　　刷	株式会社　光　　　邦
製　　本	東京美術紙工協業組合

© TAC 2024　　Printed in Japan

ISBN 978-4-300-11085-0
N.D.C. 317

公務員講座のご案内

大卒レベルの公務員試験に強い!

2022年度 公務員試験

公務員講座生[※1]
最終合格者延べ人数[※2]

5,314名

国家公務員（大卒程度）	計	**2,797**名
地方公務員（大卒程度）	計	**2,414**名
国立大学法人等 大卒レベル試験		**61**名
独立行政法人 大卒レベル試験		**10**名
その他公務員		**32**名

※1 公務員講座生とは公務員試験対策講座において、目標年度に合格するために必要と考えられる、講義、演習、論文対策、面接対策等をパッケージ化したカリキュラムの受講生です。単科講座や公開模試のみの受講生は含まれておりません。

※2 同一の方が複数の試験種に合格している場合は、それぞれの試験種に最終合格者としてカウントしています。（実合格者数は2,843名です。）

＊2023年1月31日時点で、調査にご協力いただいた方の人数です。

1位 全国の公務員試験で 合格者を輩出!

詳細は公務員講座（地方上級・国家一般職）パンフレットをご覧ください。

2022年度 国家総合職試験

公務員講座生[※1]

最終合格者数 **217**名

法律区分	**41**名	経済区分	**19**名
政治・国際区分	**76**名	教養区分[※2]	**49**名
院卒/行政区分	**24**名	その他区分	**8**名

※1 公務員講座生とは公務員試験対策講座において、目標年度に合格するために必要と考えられる、講義、演習、論文対策、面接対策等をパッケージ化したカリキュラムの受講生です。単科講座や公開模試のみの受講生は含まれておりません。

※2 上記は2022年度目標の公務員講座最終合格者のほか、2023年度目標公務員講座生の最終合格者40名が含まれています。

＊ 上記は2023年1月31日時点で調査にご協力いただいた方の人数です。

2022年度 外務省専門職試験

最終合格者総数55名のうち
54名がWセミナー講座生です。[※1]

合格者占有率[※2] **98.2%**

外交官を目指すなら、実績のWセミナー

※1 Wセミナー講座生とは、公務員試験対策講座において、目標年度に合格するために必要と考えられる、講義、演習、論文対策、面接対策等をパッケージ化したカリキュラムの受講生です。各種オプション講座や公開模試など、単科講座のみの受講生は含まれておりません。また、Wセミナー講座生はそのボリュームから他校の講座生と掛け持ちすることは困難です。

※2 合格者占有率は「Wセミナー講座生（※1）最終合格者数」を、「外務省専門職採用試験の最終合格者総数」で除して算出しています。また、算出した数字の小数点第二位以下を四捨五入して表記しています。

＊ 上記は2022年10月10日時点で調査にご協力いただいた方の人数です。

WセミナーはTACのブランドです

合格できる3つの理由

1 必要な対策が全てそろう！ ALL IN ONE コース

TACでは、択一対策・論文対策・面接対策など、公務員試験に必要な対策が全て含まれているオールインワンコース（＝本科生）を提供しています。地方上級・国家一般職／国家総合職／外務専門職／警察官・消防官／技術職／心理職・福祉職など、試験別に専用コースを設けていますので、受験先に合わせた最適な学習が可能です。

▶ カリキュラム例：地方上級・国家一般職 総合本科生

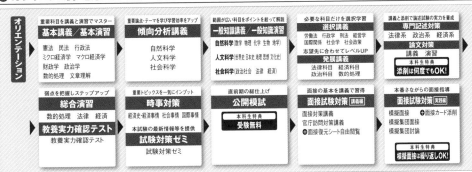

| オリエンテーション | 重要科目を講義と演習でマスター **基本講義／基本演習** 憲法 民法 行政法 ミクロ経済学 マクロ経済学 財政学 政治学 数的処理 文章理解 | 重要論点・テーマを学び学習効率をアップ **傾向分析講義** 自然科学 人文科学 社会科学 | 範囲が広い科目をポイントを絞って解説 **一般知識講義／一般知識演習** 自然科学(数学 物理 化学 生物 地学) 人文科学(世界史 日本史 地理 思想 文化史) 社会科学(政治社会 法律 経済) | 必要な科目だけを選択学習 **選択講義** 労働法 行政学 刑法 経営学 国際関係 社会学 社会政策 志望先に合わせてレベルUP **発展講義** 法律科目 経済科目 政治科目 数的処理 | 講義と添削で論述試験の実力を養成 **専門記述対策** 法律系 政治系 経済系 **論文対策** 講義 演習 本科生特典 添削は何度でもOK！ |
| | 弱点を把握しステップアップ **総合演習** 数的処理 法律 経済 **教養実力確認テスト** 教養実力確認テスト | 重要トピックスを一気にインプット **時事対策** 経済史・経済事情 社会事情 国際事情 本試験の最新情報等を提供 **試験対策ゼミ** 試験対策ゼミ | 直前期の総仕上げ **公開模試** 本科生特典 受験無料 | 面接の基本を講義で習得 **面接試験対策** 講義編 面接対策講義 官公庁訪問対策講義 ＋面接復元シート自由閲覧 | 本番さながらの面接指導 **面接試験対策** 実践編 模擬面接 ＋面接カード添削 模擬集団面接 模擬集団討論 本科生特典 模擬面接は繰り返しOK！ |

※上記は2024年合格目標コースの内容です。カリキュラム内容は変更となる場合がございます。

2 環境に合わせて選べる！ 多彩な学習メディア

通学メディア

教室＋Web講座
教室・ビデオブース・Webで講義が受けられる

ビデオブース＋Web講座
TAC校舎のビデオブースとWeb講義で自分のスケジュールで学習

通信メディア

Web通信講座
外出先で、さらにWebで。自由に講義が受けられる！

フォロー制度も充実！

受験生の毎日の学習をしっかりサポートします。

▶ 欠席・復習用フォロー	▶ 質問・相談フォロー	▶ 最新の情報提供
クラス振替出席フォロー クラス重複出席フォロー	担任講師制度・質問コーナー 添削指導・合格者座談会	面接復元シート自由閲覧 官公庁・自治体業務説明会 など

※上記は2024年合格目標コースの一例です。年度やコースにより変更となる場合がございます。

3 頼れる人がそばにいる！ 担任講師制度

TACでは教室講座開講校舎と通信生専任の「担任講師制度」を設けています。最新情報の提供や学習に関する的確なアドバイスを通じて、受験生一人ひとりを合格までアシストします。

▶ 担任カウンセリング

学習スケジュールのチェックや苦手科目の克服方法、進路相談、併願先など、何でもご相談ください。担任講師が親身になってお答えします。

オンラインでも実施！

▶ ホームルーム（HR）

時期に応じた学習の進め方などについての「無料講義」を定期的に実施します。

WebホームルームHR標準装備！

パンフレットのご請求は

TAC カスタマーセンター **0120-509-117** ゴウカク イイナ

受付時間
平　日 9:30〜19:00
土曜・日曜・祝日 9:30〜18:00

受付時間は、変更させていただく場合がございます。詳細は、TACホームページにてご確認いただけますようお願い申し上げます。

TACホームページ **https://www.tac-school.co.jp/**

公務員講座のご案内

無料体験入学のご案内
3つの方法でTACの講義が体験できる!

教室で体験　迫力の生講義に出席
予約不要! **最大3回連続出席OK!**

1. 校舎と日時を決めて、当日TACの校舎へ
TACでは各校舎で毎月体験入学の日程を設けています。

2. オリエンテーションに参加（体験入学1回目）
初回講義「オリエンテーション」にご参加ください。体験入学ご参加の際に個別にご相談をお受けいたします。

3. 講義に出席（体験入学2・3回目）
引き続き、各科目の講義をご受講いただけます。参加者には体験用テキストをプレゼントいたします。

- ●最大3回連続無料体験講義の日程はTACホームページと公務員講座パンフレットでご覧いただけます。
- ●体験入学はお申込み予定の校舎に限らず、お好きな校舎でご覧いただけます。
- ●4回目の講義前までにご入会手続きをしていただければ、カリキュラム通りに受講することができます。

※地方上級・国家一般職、理系（技術職）、警察・消防以外の講座では、最大2回連続体験入学を実施しています。また、心理職・福祉職はTAC動画チャンネルで体験講義を配信しています。
※体験入学1回目や2回目の後でもご入会手続きは可能です。「TACで受講しよう！」と思われたお好きなタイミングで、ご入会いただけます。

ビデオで体験　校舎のビデオブースで体験視聴

TAC各校のビデオブースで、講義を無料でご視聴いただけます。（要予約）

各校のビデオブースでお好きな講義を視聴できます。視聴前日までに視聴する校舎受付までお電話にてご予約をお願い致します。

ビデオブース利用時間　※日曜日は④の時間帯はありません。
- ① 9：30 ～ 12：30　② 12：30 ～ 15：30
- ③ 15：30 ～ 18：30　④ 18：30 ～ 21：30

※受講可能な曜日・時間帯は一部校舎により異なります。
※年末年始・夏期休業・その他特別な休業以外は、通常平日・土日祝祭日にご覧いただけます。
※予約時にご希望日とご希望時間帯を合わせてお申込みください。
※基本講義の中からお好きな科目をご視聴いただけます。（視聴できる科目は時期により異なります）
※TAC提携校での体験視聴につきましては、提携校各校へお問合せください。

Webで体験　スマートフォン・パソコンで講義を体験視聴

TACホームページの「TAC動画チャンネル」で無料体験講義を配信しています。時期に応じて多彩な講義がご覧いただけます。

TAC ホームページ https://www.tac-school.co.jp/

※体験講義は教室講義の一部を抜粋したものになります。

TAC出版 書籍のご案内

TAC出版では、資格の学校TAC各講座の定評ある執筆陣による資格試験の参考書をはじめ、資格取得者の開業法や仕事術、実務書、ビジネス書、一般書などを発行しています！

TAC出版の書籍

*一部書籍は、早稲田経営出版のブランドにて刊行しております。

資格・検定試験の受験対策書籍

- ✪日商簿記検定
- ✪建設業経理士
- ✪全経簿記上級
- ✪税 理 士
- ✪公認会計士
- ✪社会保険労務士
- ✪中小企業診断士
- ✪証券アナリスト

- ✪ファイナンシャルプランナー(FP)
- ✪証券外務員
- ✪貸金業務取扱主任者
- ✪不動産鑑定士
- ✪宅地建物取引士
- ✪賃貸不動産経営管理士
- ✪マンション管理士
- ✪管理業務主任者

- ✪司法書士
- ✪行政書士
- ✪司法試験
- ✪弁理士
- ✪公務員試験(大卒程度・高卒者)
- ✪情報処理試験
- ✪介護福祉士
- ✪ケアマネジャー
- ✪電験三種　ほか

実務書・ビジネス書

- ✪会計実務、税法、税務、経理
- ✪総務、労務、人事
- ✪ビジネススキル、マナー、就職、自己啓発
- ✪資格取得者の開業法、仕事術、営業術

一般書・エンタメ書

- ✪ファッション
- ✪エッセイ、レシピ
- ✪スポーツ
- ✪旅行ガイド (おとな旅プレミアム/旅コン)

公務員試験対策書籍のご案内

TAC出版の公務員試験対策書籍は、独学用、およびスクール学習の副教材として、各商品を取り揃えています。学習の各段階に対応していますので、あなたのステップに応じて、合格に向けてご活用ください!

INPUT

『みんなが欲しかった! 公務員 合格へのはじめの一歩』
A5判フルカラー
- ●本気でやさしい入門書
- ●公務員の"実際"をわかりやすく紹介したオリエンテーション
- ●学習内容がざっくりわかる入門講義

・数的処理（数的推理・判断推理・空間把握・資料解釈）
・法律科目（憲法・民法・行政法）
・経済科目（ミクロ経済学・マクロ経済学）

『みんなが欲しかった! 公務員 教科書&問題集』
A5判
- ●教科書と問題集が合体! でもセパレートできて学習に便利!
- ●「教科書」部分はフルカラー! 見やすく、わかりやすく、楽しく学習!

・憲法
・【刊行予定】民法、行政法

『新・まるごと講義生中継』
A5判
TAC公務員講座講師
郷原 豊茂 ほか
- ●TACのわかりやすい講義を誌上で!
- ●初学者の科目導入に最適!
- ●豊富な図表で、理解度アップ!

・郷原豊茂の憲法
・郷原豊茂の民法Ⅰ
・郷原豊茂の民法Ⅱ
・新谷一郎の行政法

『まるごと講義生中継』
A5判
TAC公務員講座講師
渕元 哲 ほか
- ●TACのわかりやすい生講義を誌上で!
- ●初学者の科目導入に最適!

・郷原豊茂の刑法
・渕元哲の政治学
・渕元哲の行政学
・ミクロ経済学
・マクロ経済学
・関野喬のパターンでわかる数的推理
・関野喬のパターンでわかる判断整理
・関野喬のパターンでわかる
　空間把握・資料解釈

要点まとめ

『一般知識 出るとこチェック』
四六判
- ●知識のチェックや直前期の暗記に最適!
- ●豊富な図表とチェックテストでスピード学習!

・政治・経済
・思想・文学・芸術
・日本史・世界史
・地理
・数学・物理・化学
・生物・地学

記述式対策

『公務員試験論文答案集 専門記述』
A5判
公務員試験研究会
- ●公務員試験（地方上級ほか）の専門記述を攻略するための問題集
- ●過去問と新作問題で出題が予想されるテーマを完全網羅!

・憲法〈第2版〉
・行政法

書籍の正誤に関するご確認とお問合せについて

書籍の記載内容に誤りではないかと思われる箇所がございましたら、以下の手順にてご確認とお問合せをしてくださいますよう、お願い申し上げます。

なお、正誤のお問合せ以外の**書籍内容に関する解説および受験指導などは、一切行っておりません。**
そのようなお問合せにつきましては、お答えいたしかねますので、あらかじめご了承ください。

1 「Cyber Book Store」にて正誤表を確認する

TAC出版書籍販売サイト「Cyber Book Store」の
トップページ内「正誤表」コーナーにて、正誤表をご確認ください。

CYBER TAC出版書籍販売サイト
BOOK STORE

URL：https://bookstore.tac-school.co.jp/

2 1の正誤表がない、あるいは正誤表に該当箇所の記載がない ⇒ 下記①、②のどちらかの方法で文書にて問合せをする

★ご注意ください★

お電話でのお問合せは、お受けいたしません。
①、②のどちらの方法でも、お問合せの際には、「お名前」とともに、
「対象の書籍名（○級・第○回対策も含む）およびその版数（第○版・○○年度版など）」
「お問合せ該当箇所の頁数と行数」
「誤りと思われる記載」
「正しいとお考えになる記載とその根拠」
を明記してください。
なお、回答までに1週間前後を要する場合もございます。あらかじめご了承ください。

① ウェブページ「Cyber Book Store」内の「お問合せフォーム」より問合せをする

【お問合せフォームアドレス】

https://bookstore.tac-school.co.jp/inquiry/

② メールにより問合せをする

【メール宛先　TAC出版】

syuppan-h@tac-school.co.jp

※土日祝日はお問合せ対応をおこなっておりません。
※正誤のお問合せ対応は、該当書籍の改訂版刊行月末日までといたします。

乱丁・落丁による交換は、該当書籍の改訂版刊行月末日までといたします。なお、書籍の在庫状況等により、お受けできない場合もございます。
また、各種本試験の実施の延期、中止を理由とした本書の返品はお受けいたしません。返金もいたしかねますので、あらかじめご了承くださいますようお願い申し上げます。

（2022年7月現在）